UN CHEMIN VERS LA CONNAISSANCE DE SOI

PAR

RUDOLF STEINER

RUDOLF STEINER

UN CHEMIN VERS LA CONNAISSANCE DE SOI

HUIT MÉDITATIONS

Traduit de l'allemand
par
ELSA PROZOR

ÉDITIONS ALICE SAUERWEIN
Dépositaire général
LES PRESSES UNIVERSITAIRES DE FRANCE
49, boulevard Saint-Michel, 49
PARIS 1925

INTRODUCTION

Le but que nous nous proposons dans cet ouvrage est de communiquer au lecteur certaines connaissances occultes concernant l'Être Humain. La forme que nous avons adoptée lui permettra de participer personnellement à sa lecture, au point qu'elle lui devienne une sorte d'entretien avec lui-même. Cet entretien peut entraîner pour lui la mise au jour de certaines forces qui étaient jusqu'alors demeurées cachées en lui, mais qui sont susceptibles d'être éveillées en chacun de nous. La lecture de ce livre déterminera, en ce cas, un travail de l'âme sur elle-même. Et ce travail pourra donner lieu à un véritable pèlerinage de l'âme, qui amènera le lecteur à la vision réelle du monde spirituel. Voilà pourquoi nous avons donné à cet ouvrage la forme de « méditations ». L'âme peut se livrer à ces méditations ; leur objet se communiquera à elle à travers son recueillement.

Nous nous adressons, d'une part, aux personnes déjà familiarisées avec notre littérature et avec le travail d'étude supra-sensible que nous préconisons. Ceux qui connaissent la vie supra-sensible accorderont peut-être quelque valeur à cet ouvrage, à cause du caractère particulier qu'il revêt et aussi à cause du rapport direct qui le relie à certaines expériences de l'âme. D'autre part, cette manière de présenter les choses pourra paraître utile à ceux qui sont encore étrangers aux données de la science spirituelle.

Le présent ouvrage complète et étend mes autres écrits relatifs au domaine spirituel. Toutefois, il peut être lu séparément.

Dans mes livres *Théosophie* et *La science occulte*, je me suis efforcé d'exposer les faits tels qu'ils se présentent à l'observateur des réalités spirituelles. Aussi revêtent-ils une forme descriptive, et leur plan m'avait-il été imposé par le sujet même du livre.

Un chemin vers la connaissance de soi est conçu dans une forme différente : ici sont exposées les expériences qui attendent une âme engagée d'une certaine manière sur la voie de l'Esprit. Ce livre peut donc être considéré comme le récit de ces expériences. Il ne faut pas, cependant, perdre de vue que ces expériences doivent revêtir pour chaque âme une forme individuelle conforme à sa nature. Nous nous sommes efforcés de prendre ce fait en considération, en sorte qu'on peut imaginer aussi que nous décrivons les expériences d'une âme particulière. (C'est pourquoi cet ouvrage est intitulé : *Un chemin vers la connaissance de soi*.) Et c'est précisément là ce qui permet à d'autres âmes d'en pénétrer la contenu et d'atteindre à des résultats semblables. De ce fait, cet ouvrage complète et étend également mon livre l'*Initiation*.

Nous ne rapportons ici que certaines expériences occultes fondamentales. Nous renonçons, jusqu'à nouvel ordre, à des communications de même nature concernant d'autres domaines de la « science spirituelle ».

Août 1912. RUDOLF STEINER.

PREMIÈRE MÉDITATION

LE MÉDITANT ESSAYE DE SE FORMER UNE REPRÉSENTATION EXACTE DU CORPS PHYSIQUE.

Si nous réfléchissons profondément sur ce qui se passe dans notre âme, quand, par l'intermédiaire des sens et de l'entendement, elle se consacre aux phénomènes du monde extérieur, nous ne pouvons pas dire qu'elle perçoive ces phénomènes ou qu'elle connaisse les objets qui l'entourent. Car, en vérité, elle s'ignore entièrement elle-même à ces moments-là. La lumière du soleil qui rayonne dans l'espace et que les objets réfléchissent en mille couleurs, se ressent, en réalité, elle-même dans notre âme. L'âme se réjouit-elle d'une chose, elle est, durant sa jouissance, joie elle-même, dans la mesure où elle a conscience du phénomène. La joie se vit en elle. Une fusion s'opère entre l'âme et son expérience du monde. Elle ne se connaît pas comme un être qui se réjouit, qui admire, qui se divertit, ou qui craint. Elle est elle-même joie, admiration, plaisir ou crainte.

Si elle s'en rendait toujours compte, elle reconnaîtrait aussi toute leur valeur aux moments où elle se détourne du monde pour se considérer elle-même. Elle découvrirait dans ces instants une vie d'un genre si particulier, que l'on ne saurait de prime abord la comparer à l'existence ordinaire. C'est lorsque nous pénétrons dans cette vie que se réveillent, dans notre conscience, les énigmes de l'existence; énigmes qui sont, en somme, la source de tous les autres problèmes de l'univers. Le monde extérieur et le monde intérieur se dressent devant l'esprit humain lorsque, pour un temps plus ou moins long, il s'isole du monde extérieur et se retire dans la solitude de son existence personnelle.

Ce retrait n'est point un phénomène simple qui, une fois accompli, pourrait être reproduit à volonté. C'est bien plutôt le commencement d'un voyage vers des mondes jusqu'alors inconnus. Lorsqu'on entreprend ce voyage, chaque pas que l'on fait en entraîne d'autres et en même temps les prépare, car seul il rend l'âme capable de les accomplir. Et chaque pas nous éclaire davantage sur la question : « Qu'est-ce que l'homme au vrai sens du mot ? » Des mondes s'ouvrent qui restent fermés à l'observation ordinaire de la vie et qui, cependant, peuvent seuls nous découvrir la vérité concernant la vie ordinaire elle-même. S'il faut admettre que notre question ne comporte point de réponse intégrale et définitive, celles que nous obtenons au cours de notre pèlerinage intérieur sont cependant de nature à surpasser toutes les connaissances que les sens extérieurs et l'entendement qui s'y rattache peuvent nous apporter. Et notre âme a besoin de ces réponses, toute réflexion approfondie sur nous-même nous en convainct.

Ce voyage intérieur doit débuter par certaines réflexions sobres, froides. Elles seules peuvent fournir un point de départ ferme à la pénétration ultérieure dans les régions supra-sensibles, but final de l'âme. Bien des personnes voudraient éviter cette préparation et entrer d'emblée dans l'au-delà. Mais tout être sain, quand bien même une répulsion première à l'égard de réflexions de cet ordre l'en aurait d'abord détourné, y reviendra tôt ou tard. Car, quelque nombreuses que puissent être les connaissances acquises par d'autres voies, seule une méthode de raisonnement telle que nous allons la décrire offre un terrain solide à nos recherches.

Il peut survenir dans la vie de l'âme un moment où elle se dit : « Il faut que je sache me soustraire à toutes les impressions que m'offre le monde extérieur, si je ne veux pas me voir contrainte à un aveu d'impuissance qui me rendrait la vie impossible et me dire que je ne suis qu'un contre-sens vivant. Tout ce que je perçois en dehors de moi existe sans moi, existait sans moi, existera sans moi. Pourquoi les couleurs sont-elles ressenties en moi, alors que mes sensations pourraient n'être d'aucune importance pour elles ? Pourquoi les substances et les forces du monde édifient-elles mon corps ? Il s'anime et devient mon apparence extérieure. Je reconnais que j'ai besoin de ce corps. Car si je ne possédais pas les sens que seul il peut me procurer, je serais dépourvue de toute vie intérieure. Sans mon corps je serais, comme à l'origine, vide de tout contenu. C'est mon corps qui me donne une capacité et une richesse intérieures. »

Surviennent alors toutes les réflexions auxquelles nul n'échappe, sans risquer de se trouver un jour avec soi-même dans une contradiction insupportable. Notre corps, du fait même qu'il est vivant, est aujourd'hui l'expression de la vie de notre âme. C'est grâce au fonctionnement de ses organes que notre âme s'exprime, c'est en lui qu'elle manifeste sa vie. Il n'en sera pas toujours ainsi. Les éléments constitutifs du corps seront régis un jour par des lois toutes différentes de celles auxquelles ils obéissent aujourd'hui, où notre corps existe pour nous, pour notre vie psychique. Il sera déterminé alors par les lois qui gouvernent les substances et les forces de la nature, lois qui n'ont rien de commun avec nous, avec notre vie personnelle. Le corps, auquel nous sommes redevables de notre vie intérieure, sera repris par le courant universel dans lequel il perdra tout rapport avec nos sentiments.

Ce raisonnement peut susciter dans notre vie intérieure toutes les transes que fait naître la pensée de la mort, sans que s'y mêlent les émotions personnelles qui les accompagnent d'ordinaire, et qui nuisent à la pondération, à la sérénité nécessaires à toute méditation ayant pour but la connaissance.

Il n'est point étonnant que l'homme désire comprendre la mort et savoir si l'âme possède une vie indépendante de celle du corps qui se désagrège. Mais sa position en face de ces questions est propre, plus que toute autre chose au monde, à troubler sa vision objective et à lui faire accepter des réponses que son désir seul a inspirées. Or, on ne saurait acquérir de connaissance véritable sur quelque question que ce soit du domaine spirituel, si on n'est pas prêt à accueillir avec une parfaite égalité toute réponse, qu'elle soit affirmative ou négative. Et il suffit de s'interroger avec conscience pour se persuader qu'on n'accepterait pas avec le même calme la certitude de l'extinction de la vie de l'âme après la mort ou celle de sa survie. Certes, il y a des personnes qui croient sincèrement que la désintégration du corps entraîne l'anéantissement de l'âme et qui adaptent leur vie à cette pensée. Il n'en est pas moins vrai qu'au point de vue du sentiment, elles ne sont nullement impartiales. Sans doute, elles ne se laissent pas dominer par les terreurs de l'anéantissement et elles ne permettent pas au désir de survivre d'étouffer en elles la voix de la connaissance. En cela, leur esprit est souvent doué d'une plus grande objectivité que celui des personnes qui se leurrent inconsciemment de raisons aléatoires de croire à l'immortalité, alors qu'au fond elles ne sont guidées que par la soif de survivre, qui consume secrètement leur âme. Cependant la prévention n'est pas moins grande chez celles qui nient l'immortalité. Elle est seulement d'une autre nature.

Ces personnes se font une conception définie de ce que

signifie la vie, l'existence. Leur définition implique forcément certaines conditions, conditions qui cessent d'exister quand le corps disparaît. De ce fait, elles concluent à l'extinction simultanée de la vie de l'âme, et ne s'aperçoivent pas qu'elles ont d'abord créé une définition de la vie qui excluait, à priori, toute représentation d'une existence indépendante de celle du corps et, par conséquent, d'une survie de l'âme. Ces personnes ne se laissent pas influencer par leur sentiment, mais bien par des idées dont elles sont incapables de se dégager. Il existe encore bien d'autres préventions dans ce domaine ; nous ne pouvons les envisager toutes.

L'idée que le corps, dont les fonctions servent à manifester la vie de l'âme, sera un jour la proie du monde extérieur et qu'il obéira à des lois qui ne concernent en rien la vie intérieure, cette idée évoque devant nous le phénomène de la mort, sans qu'il soit nécessaire qu'aucun désir, qu'aucun intérêt personnel se mêlent à nos considérations. Nous ne tarderons pas alors à éprouver que la pensée de la mort n'a pas d'importance en soi, mais qu'elle en acquiert du fait qu'elle éclaire la vie.

Un point de vue nouveau se fera jour : l'énigme de la vie ne trouverait-elle pas sa solution dans la compréhension du phénomène de la mort et de son essence ?

L'âme doit se méfier du désir de survivre qui lui est inhérent, et des opinions que ce désir peut lui inspirer concernant la mort. Pourquoi, en effet, les réalités du monde se laisseraient-elles influencer par les émotions de l'âme ? Celle-ci, lorsqu'elle n'écoute que ses désirs, ne trouve plus aucun sens à sa propre existence si on la persuade que, pareille à une flamme jaillissant d'un corps en combustion, elle ne surgit des substances de son corps que pour s'éteindre à nouveau. Il se pourrait, cependant, que ce fût vrai, bien qu'absurde en apparence.

Lorsque l'âme se tourne vers la considération du corps, elle doit savoir se borner aux données qu'il lui présente. Or, il semble qu'il existe dans la nature certaines lois qui déterminent les réactions des substances et des forces les unes sur les autres, que ces lois gouvernent également le corps et qu'elles le réintègrent après un certain laps de temps dans le circuit universel de la vie.

Considérez cette pensée sous tous ses aspects, elle peut avoir son utilité pour les sciences naturelles, mais en face de la réalité elle apparaît tout à fait insoutenable. Peut-être vous direz-vous que, seule, elle possède une évidence scientifique, objective et que toute autre idée ne serait que croyance subjective. Vous pouvez vous imaginer cela. Mais un jugement impartial détruira ce point de vue, et c'est la seule chose qui compte.

Il n'importe pas ici que la nature particulière de notre âme impose certaines nécessités à notre pensée ; seuls sont à considérer les phénomènes que nous présente le monde extérieur auquel sont empruntées les substances et les forces de notre corps, et dans lequel elles se dissolvent après la mort. Ces substances et ces forces obéissent alors à des lois qui restent parfaitement indifférentes à tout ce qui se passe dans le corps humain durant la vie. Ces lois (qui sont de nature physico-chimique) s'exercent sur le corps de la même manière que sur tout autre objet inanimé de la nature. On est obligé de penser que cette indifférence du monde à l'égard du corps humain, loin de commencer lors de la mort, existe aussi durant la vie. Jamais la vie ne nous apprendra le rapport exact qui relie le monde sensible au corps humain ; seules les réflexions suivantes pourront nous instruire à ce sujet :

« Mon corps, qui est le support de mes sens, le médiateur des phénomènes par lesquels se manifeste mon âme, subit l'action du monde extérieur. Je connais cette action lorsque je considère ce qui se passe après la mort. Je sais qu'un temps viendra où je ne posséderai plus un seul des moyens d'expression dont je dispose actuellement. » Toute autre conception concernant les rapports du monde sensible avec le corps, est réfutée par les faits. Par contre, la proposition que nous venons d'énoncer n'entre en conflit avec aucune des expériences que nous pouvons faire, tant dans le monde extérieur que dans celui de notre âme. Nous ne trouvons, en effet, rien d'intolérable à la pensée que les substances et les forces qui nous appartiennent seront le siège de certains phénomènes qui n'ont rien de commun avec notre propre existence. L'homme qui se livre en toute impartialité à la vie, ne sent monter du fond de lui-même aucun désir provenant de son corps et qui lui rendrait pénible la pensée de la désagrégation de celui-ci après la mort. Cette perspective ne lui deviendrait intolérable que s'il lui fallait se représenter que les forces et les substances qui retournent à la nature entraînent avec elles son être vivant et sentant. Et cette pensée lui est intolérable au même titre que toute autre conception qui ne découle pas naturellement de l'observation fidèle du monde et de ses phénomènes. Son absurdité même la fera constamment rebondir contre la réalité. Par contre, l'idée d'une participation toujours identique du monde à la vie du corps nous apparaît pleine de sens ; en l'adoptant, nous nous sentons en harmonie parfaite avec les faits, que nous laissons se révéler librement à nous, sans leur imposer nos conceptions artificielles.

On ne prête pas toujours assez d'attention à la belle harmonie qui règne entre le sentiment sain, naturel de l'âme et les révélations de la nature. Cependant, quelque évidente et insignifiante qu'elle puisse paraître, cette remarque éclaire beaucoup la question qui nous occupe.

L'homme a bien des raisons personnelles pour ne pas admettre que l'âme se désagrège en même temps que le corps ; ces raisons doivent être écartées par l'observation impartiale et objective. Mais celle-ci nous oblige à reconnaître que le monde n'a, dans la vie de l'âme, d'autre rôle que celui que nous lui reconnaissons après la mort. La valeur de cette pensée est démontrée par la nécessité même avec laquelle elle s'impose à nous et par le fait qu'elle résiste à toute objection dont on pourrait la croire susceptible. Or, en réalité, ceux qui croient à l'immortalité comme ceux qui la nient pensent ainsi. Ces derniers diront peut-être que les lois qui gouvernent le corps après la mort déterminent également les phénomènes propres à l'organisme vivant. Mais ils se trompent s'ils *croient* pouvoir s'imaginer que ces lois s'exerceraient autrement sur le corps lorsqu'il est le médiateur de l'âme que lorsqu'il a cessé de l'être.

Une seule idée est possible en soi, c'est que le complexus particulier de forces qui se manifeste avec le corps est aussi indifférent à son rôle de support de l'âme que l'est cet autre complexus de forces par lequel le corps se désagrège. Cette indifférence n'est pas le fait de l'âme, elle est bien plutôt le fait des substances et des forces du corps. C'est par le corps que l'âme se sent vivre, mais le corps, lui, vit *avec* le monde extérieur, *en* lui, *par* lui, et la vie de l'âme ne le détermine pas plus que les phénomènes du monde extérieur. On est tenu d'admettre que la circulation du sang dans le corps est influencée par le froid et par la chaleur du dehors, autant que par la peur ou par la honte qui ont leur siège dans l'âme.

Nous reconnaissons donc l'action que les lois de la nature exercent sur nous dans le rapport tout particulier qui s'établit entre elles et nous, et qui s'exprime par la formation du corps humain. Nous sentons que le corps fait partie du monde extérieur, mais nous ignorons ses rapports intérieurs avec l'âme. La science moderne nous explique partiellement comment les lois du monde extérieur se combinent pour produire cette entité bien déterminée que représente le corps humain. Elle fera sans doute d'importants progrès dans cette connaissance, mais ceux-ci ne pourront modifier en quoi que ce soit nos conceptions concernant les rapports de l'âme avec le corps, ni nous révéler dans quelle mesure les fonctions du corps expriment la vie de l'âme. Grâce aux sciences naturelles, nous connaîtrons de mieux en mieux les phénomènes qui prennent place dans le corps pendant la vie, mais ces phénomènes seront toujours de ceux que l'âme sent extérieurs à elle, comme ceux auxquels est soumis le corps après la mort.

Notre corps doit nous apparaître au sein du monde extérieur, comme un complexus de forces et d'éléments qui existe en soi et qui s'explique de lui-même en tant que participant au monde extérieur. La nature produit la plante, puis la désagrège. Elle gouverne le corps humain et le dissout dans son sein.

Si, enrichi par ces réflexions, l'homme contemple la nature, il peut arriver à s'oublier lui-même et tout ce qui est en lui, et éprouver son corps comme une portion du monde extérieur. S'il médite ainsi sur les rapports de son être intime et sur ceux qui le relient à la nature, il acquiert en lui-même la connaissance de ce que l'on peut appeler son *corps physique*.

DEUXIÈME MÉDITATION

LE MÉDITANT ESSAYE DE SE FORMER UNE REPRÉSENTATION EXACTE DU CORPS ÉLÉMENTAIRE OU ÉTHÉRIQUE.

La représentation que fait naître dans l'âme le phénomène de la mort est propre à la plonger dans une complète incertitude concernant sa propre nature. Tel serait le cas, si elle se croyait dans l'impossibilité de rien connaître d'un autre monde que ce que lui révèlent ses sens et son entendement.

Notre âme considère le corps physique dans l'existence ordinaire. Elle le voit réintégré après la mort au sein de la nature qui ne prend aucune part à ce qui constitue sa vie propre avant la mort. L'âme peut savoir (par la première méditation) que les mêmes lois régissent le corps physique avant et après la mort, mais cette constatation ne la conduit qu'à reconnaître l'indépendance de sa vie intérieure durant l'existence physique. L'observation du monde extérieur lui apprend ce qui advient ensuite du corps physique. Une semblable observation n'existe pas pour la vie intérieure. Dans notre état actuel, toute vision nous est interdite au delà des limites de la mort. Tant que l'âme est incapable de se former des représentations qui outrepassent le monde dans lequel le corps se dissout après la mort, elle ne peut, lorsqu'elle considère l'avenir de sa vie psychique, plonger son regard que dans le néant.

Pour qu'il en soit autrement, il faudrait que l'âme puisse percevoir le monde extérieur par d'autres moyens que ceux des sens et de l'entendement qui s'y rattache. Car ceux-ci dépendent du corps et disparaissent avec lui. Leurs données ne nous mèneront jamais qu'aux résultats de la première méditation, qui se résument en cet aveu de l'âme : « Je suis liée à mon corps. Celui-ci est soumis à des lois naturelles et j'ai avec ces lois les mêmes rapports qu'avec toutes les autres lois de la nature. Par elles je fais partie du monde extérieur et je ne saurais mieux me rendre compte de la part que ce monde prend à mon existence qu'en considérant ce qu'il fait de mon corps après la mort. Pour la vie, il me donne des sens et un entendement qui m'interdisent toute vision concernant l'avenir de ma vie psychique. » Cet aveu ne peut avoir que deux conséquences : ou bien nous refoulerons en nous-même toute tendance à une recherche ultérieure touchant le problème de l'âme et nous renoncerons à toute science dans ce domaine, ou bien, nous nous efforcerons, au contraire, d'atteindre par la vie de notre âme aux vérités que le monde extérieur nous refuse. Ces efforts peuvent avoir pour résultat de fortifier, d'accroître notre vie intérieure.

Dans l'existence courante, notre vie intérieure psychique

et mentale est douée d'une certaine intensité. Une pensée nous occupe aussi souvent qu'un motif extérieur ou intérieur l'évoque. Or, nous pouvons aussi choisir une pensée et, sans autre motif que notre volonté, la reprendre constamment, l'intensifier, en nourrir notre esprit. Nous pouvons en faire fréquemment l'objet unique de notre vie intérieure, en éloignant pendant ces moments toutes les impressions du dehors et tous les souvenirs qui voudraient surgir dans notre esprit. On peut faire de cette dévotion complète, exclusive à une pensée ou à un sentiment, un exercice intérieur régulier. Pour qu'une activité de cette nature conduise à des résultats réels, importants, il faut qu'elle soit soumise à certaines lois éprouvées. Ces lois, la science de la vie spirituelle a pour objet de les connaître. Un grand nombre d'entre elles sont données dans mon ouvrage *l'Initiation*. Par ce procédé, le méditant arrive à accroître les forces de sa vie intérieure. Celle-ci se condense, en quelque sorte. Le méditant reconnaît les conséquences de ce travail aux observations qu'il est amené à faire sur lui-même, lorsqu'il l'a poursuivi pendant un temps suffisamment long. Dans la plupart des cas, une grande patience est nécessaire pour obtenir des résultats probants. Et si l'on n'est pas disposé à exercer cette patience pendant des années, on n'aura que peu de résultats.

Nous ne pouvons donner ici qu'un seul exemple de ce que pourront être ces résultats. Ils sont de nature très variée. Celui que nous allons rapporter est propre à favoriser notre progrès sur la voie des méditations que nous avons entreprises.

Supposons qu'une personne se soit exercée pendant longtemps à intensifier sa vie intérieure. Peut-être n'aura-t-elle rien éprouvé qui soit propre à modifier sa manière de voir concernant le monde, lorsqu'un jour se produira le fait suivant : (il va sans dire que l'expérience que nous rapportons ici ne se présentera pas exactement de la même manière chez deux personnes différentes. Mais en cherchant à se représenter l'une de ces expériences, on s'éclaire sur toute la question.)

Un moment peut venir où l'âme se sent intérieurement transformée. Au début, c'est en général durant le sommeil qu'elle s'anime ainsi, comme pour un rêve. Cependant, elle sent aussitôt que cette expérience ne saurait être comparée à un rêve ordinaire. Elle se sent complètement détachée du monde des sens et de l'entendement, et pourtant sa manière de sentir et de percevoir est celle qu'elle n'a jamais connue qu'à l'état pleinement éveillé et en face du monde extérieur. L'âme se sent contrainte à se représenter l'expérience qu'elle fait. Elle se sert pour cela des conceptions de la vie ordinaire, mais elle sait, à n'en pas douter qu'elle les applique à des faits d'une tout autre nature que ceux auxquels ces conceptions se rapportent d'habitude. Elle ne voit en cette expérience qu'un moyen d'expression pour une expérience qu'elle n'a encore jamais faite et à laquelle l'existence ordinaire ne peut pas donner lieu.

En voici un exemple : l'âme se sent environnée par une tempête. Elle entend le tonnerre, elle perçoit des éclairs. Elle sait qu'elle se trouve dans une chambre. Elle se sent traversée par une force dont elle ignorait l'existence. Puis les murs semblent se lézarder. L'âme est poussée à se dire, ou à dire à une personne qu'elle s'imagine avoir auprès d'elle : « Il se passe ici une chose terrible, l'éclair parcourt la maison, il m'atteint, je me sens foudroyée ; il me dissout. »

Après que se sont déroulées une série de représentations de cet ordre, l'âme revient à son état normal. Elle se retrouve elle-même, avec le souvenir de ce qu'elle vient d'éprouver. Si ce souvenir demeure aussi vivant et aussi fidèle que peut l'être tout autre souvenir de la vie, il permet à l'âme de juger l'expérience qu'elle vient de faire. Elle sait alors, de façon immédiate, qu'elle n'est redevable à aucun de ses sens, ni à l'entendement ordinaire de l'expérience qu'elle vient de faire. Car elle sent que toute description qu'elle pourrait en donner, que ce soit à elle-même ou à d'autres, ne serait qu'un moyen de s'exprimer, de se faire comprendre, mais que cette description n'aurait cependant rien de commun avec l'objet même de son expérience. L'âme sait donc qu'elle n'est redevable de celle-ci à aucun de ses sens.

Parler d'une activité cachée des sens ou du cerveau, c'est ignorer la nature véritable de l'expérience dont il est question ; c'est s'en tenir à la description qui nous en est donnée, aux éclairs, au tonnerre, aux lézardes des murs, et croire que l'âme n'a éprouvé que des échos de la vie ordinaire. On prend alors nécessairement cette expérience pour une vision, au sens ordinaire du mot. On ne peut pas penser autrement. Seulement on ne tient pas compte du fait que, pour celui qui décrit, les mots « éclairs », « tonnerre », « lézardes » ne sont que des images de ce que son âme a éprouvé, images qui ne doivent pas être confondues avec l'expérience proprement dite. Il est vrai que son âme a bien réellement cru percevoir ces images, mais celles-ci ne représentaient pas pour elle ce qu'est, par exemple, l'éclair que perçoit notre œil. Pour elle, la vision de l'éclair est pareille à un voile qui recouvre l'expérience véritable ; à travers l'éclair elle voit une chose différente qu'il est impossible de connaître dans le monde physique.

Pour que l'âme puisse juger l'expérience qu'elle vient de faire, il faut qu'après l'avoir traversée elle reprenne, à l'égard du monde extérieur, une manière de voir tout à fait normale. Il faut qu'elle puisse comparer cette expérience particulière avec celles qui lui sont familières dans le monde sensible. Toute personne qui, dans la vie ordinaire, aurait déjà une tendance à s'abandonner à des rêveries de tout genre, ne serait pas capable de faire cette distinction. Plus on possède un sens rassis, une saine compréhension de la réalité, plus le jugement que l'on porte sur ce genre de phénomène est exact et précis. On ne peut avoir confiance dans ses propres expériences supra-sensibles que lorsqu'on est doué, à l'égard du monde ordinaire, d'une vision nette et claire, que lorsqu'on voit les choses telles qu'elles sont,

Si, une fois réunies toutes les conditions requises, on est en droit de penser qu'on n'a pas été la proie d'une vision ordinaire, on sait alors que l'on a fait une expérience dans laquelle le corps n'a pas servi d'intermédiaire à l'observation. On a observé directement, sans le corps, au moyen de l'âme intérieurement fortifiée. On a conquis la représentation d'une expérience faite *en dehors* du corps.

Il peut être intéressant de noter que pour distinguer la rêverie ou l'illusion des observations véritables faites en dehors du corps, on ne saurait établir d'autres règles que celles qui s'appliquent aux perceptions sensibles extérieures. Il pourrait arriver qu'une personne ait une puissante imagination et que, par exemple, l'idée seule d'une limonade puisse lui procurer la même sensation que son absorbtion effective. Les contingences de la vie sauraient bien, malgré tout, lui faire discerner l'acte réel de l'acte imaginaire. Il en est de même des expériences que l'on fait en dehors du corps. Pour atteindre dans ce domaine à des représentations empreintes d'une absolue certitude, il faut y pénétrer avec un esprit sain, capable de discerner les rapports intimes des choses entre elles, de façon à ce que celles-ci se corrigent les unes les autres.

Une expérience comme celle que nous venons de décrire nous rend capables de reconnaître ce qui nous appartient en propre par d'autres moyens que ceux de nos sens et de notre entendement, autrement dit de nos instruments corporels. Non seulement nous connaissons désormais autre chose que ce que nos organes physiques nous révèlent du monde, mais nons connaissons autrement. Ce fait a une importance capitale. L'âme qui est l'objet d'une transformation intérieure reconnaît, de plus en plus, que si les problèmes accablants de l'existence ne trouvent point de solution dans le monde sensible, c'est que les sens physiques et l'entendement qui s'y rattache ne sont pas doués de pénétration suffisante. Les âmes qui se transforment assez pour vivre consciemment en dehors du corps atteignent à de plus grandes profondeurs. Les rapports qu'elles nous font de leurs expériences renferment les éléments nécessaires à la solution des problèmes de l'âme.

Or, les expériences que l'on fait en dehors du corps sont très différentes de celles que l'on fait dans le corps. L'âme s'en rend bien compte si, après l'expérience que nous avons décrite, l'état de veille ordinaire s'étant rétabli, le souvenir lui en demeure assez vif et assez net pour qu'elle puisse tenter de porter un jugement sur cette expérience. L'âme sent son corps sensible isolé du reste du monde et lui appartenant en propre. Il n'en est pas de même de ce qu'elle perçoit de soi et en soi en dehors du corps. Elle se sent liée à tout ce qu'elle peut appeler alors le monde extérieur. Les objets environnants lui apparaissent unis à elle, comme physiquement sa main lui est attachée. Le monde extérieur n'est nullement indifférent au monde intérieur de l'âme. Celle-ci se sent au plus haut point organiquement liée à ce qu'on peut appeler le monde de l'âme. Elle en perçoit l'action sur son être. Il n'existe point ici de frontière définie entre le monde intérieur et le monde extérieur. Les objets qui environnent l'âme en contemplation sont liés à elle, comme les deux mains du corps physique sont liées à la tête.

Cependant l'on peut considérer une portion de ce monde comme appartenant davantage au soi personnel que le reste de l'ambiance, de même que l'on peut parler de la tête comme d'un membre indépendant par rapport aux mains et aux pieds. Nous nommons une portion du monde extérieur notre corps physique. L'âme qui vit en dehors de ce corps peut, au même titre, considérer une fraction du monde non sensible comme sa propriété. Lorsqu'elle parvient à discerner le champ nouveau qui s'ouvre à son expérience au delà du monde sensible, elle sent qu'elle possède un corps que ses sens physiques ne perçoivent pas. On peut l'appeler le corps élémentaire ou éthérique. Le sens que la science accorde au mot « éther », par lequel elle désigne un état plus subtil de la matière, n'entre pas en considération ici. De même qu'en méditant sur les rapports de l'homme avec le monde de la nature, nous avons obtenu une représentation du *corps physique* conforme à la réalité des faits, de même le pèlerinage de l'âme dans les régions que l'on découvre lorsqu'on se détache du corps sensible, nous conduit à reconnaître l'existence d'un *corps élémentaire ou éthérique*.

TROISIÈME MÉDITATION

LE MÉDITANT ESSAYE DE SE FORMER DES REPRÉSENTATIONS CONCERNANT LA CONNAISSANCE CLAIRVOYANTE DU MONDE ÉLÉMENTAIRE.

Le méditant connaît un monde ignoré des sens et de l'entendement ordinaire, lorsqu'il perçoit sans l'aide du corps physique, mais en dehors de lui, au moyen du corps élémentaire. Si nous voulions comparer ce monde à quelque chose de familier à notre expérience, nous pourrions parler du monde des souvenirs, des représentations de la mémoire. De même que les souvenirs, les impressions supra-sensibles du corps élémentaire s'élèvent du fond de notre âme. L'âme qui se souvient sait que toute représentation de la mémoire se rapporte à un fait écoulé du monde sensible. La représentation supra-sensible comporte un rapport semblable. Le souvenir qui s'éveille en nous se distingue par sa nature même des créations de notre fantaisie. Il en est de même de la représentation supra-sensible. Elle est issue de la vie de l'âme, mais elle se manifeste immédiatement comme une expérience intérieure provoquée par une réalité extérieure. Toute représentation de la mémoire évoque un événement passé. La représentation supra-sensible fait d'un événement qui s'est déroulé en un point quelconque du monde supra-physique, et à un moment quelconque, un événement intérieur. Son caractère même nous permet donc de le considérer comme le message d'un monde supérieur à nos sens.

Nos progrès dans l'expérience spirituelle, poursuivie selon la méthode que nous examinons ici, dépendent du plus ou moins d'énergie que nous mettons à fortifier la vie de notre âme. Il se peut que nous n'arrivions à percevoir dans la plante qu'un élément distinct de sa forme physique et supérieur à elle, il se peut aussi que nous étendions cette connaissance à la terre entière. Les deux données appartiennent au même domaine de l'expérience supra-sensible.

Quand l'homme, qui a acquis la faculté de percevoir sans l'aide de son corps physique, contemple une fleur, il saisit, outre la fleur, une fine configuration qui la pénètre complètement. Celle-ci se présente à lui comme une entité dynamique, à laquelle il est conduit à attribuer l'édification de la plante au moyen des forces et des substances physiques et la mise en circulation des sèves. Il peut dire, en faisant usage d'une image utile, sinon tout à fait exacte : « Je découvre un principe intérieur dans la plante, qui provoque le mouvement de ses sèves, comme mon âme provoque le mouvement de mon bras qui se soulève. Et je reconnais que ce principe est indépendant de la plante que mes sens perçoivent. Je me vois encore forcé d'admettre que ce principe existait *avant* la plante physique. » Il est amené à observer ainsi la plante qui croît, qui se fane, qui donne naissance à des graines dont naîtront de nouvelles plantes. La structure dynamique supra-sensible du végétal est particulièrement puissante lorsqu'on considère la graine. L'organisme physique est, pour ainsi dire, invisible à ce moment là, l'organisme supra-sensible, par contre, est complexe. Il renferme tous les éléments du monde supra-physique qui travaillent à la construction et à la croissance de la plante. Lorsque l'observation porte sur la terre entière, elle découvre également une entité dynamique qui existait, à n'en pas douter, antérieurement à tous les éléments terrestres que perçoivent les sens.

En suivant cette méthode, le méditant parvient à évoquer toutes les forces supra-sensibles qui ont jadis travaillé à l'édification de la terre. Il est en droit d'appeler la configuration subtile de la plante ou de la terre, son corps ou son entité *éthérique* ou *élémentaire*, exactement comme il appelle corps éthérique ou élémentaire le corps dont il se sert lui-même pour percevoir sans l'aide de l'organisme physique.

Dès que la vision supra-sensible commence à se développer, elle reconnaît à certains objets et à certains phénomènes du monde des sens, outre leurs propriétés physiques, une essence élémentaire de ce genre. On parlera du corps éthérique de la plante ou de la terre. Mais ces formes élémentaires sont loin d'être les seules qui s'offrent à l'observation supérieure. On dira du corps élémentaire d'une plante qu'il façonne les substances et les forces du monde sensible et qu'il s'exprime dans un corps physique. Or, il existe d'autres entités dont l'existence est purement élémentaire, elles ne se manifestent pas dans un corps physique. Ainsi, non seulement l'observation supra-sensible complète la connaissance que nous possédons du monde physique, mais elle nous révèle, en outre, un monde nouveau, au sein duquel les objets du monde physique ressemblent à des glaçons flottant dans l'eau. Quiconque ne verrait pas l'eau ne saurait accorder de réalité qu'à la glace. De même celui qui se contente des objets que lui révèlent ses sens nie le monde supra-sensible, dont le monde physique ne forme qu'une portion, comme les glaçons ne sont qu'une partie de la masse liquide dans laquelle ils flottent.

Or, l'on s'apercevra que les personnes douées de perception supra-sensible se servent, pour décrire leurs visions, d'expressions empruntées aux sensations physiques. Elles diront, par exemple, en parlant du corps élémentaire d'un être appartenant au monde physique, ou de celui d'un être purement élémentaire, qu'il leur apparaît comme un corps lumineux, bien délimité et richement coloré. Il émet des couleurs, il brille ou scintille et il manifeste sa vie au moyen de ces phénomènes lumineux et colorés. Ce que l'observateur décrit ainsi est, en réalité, complètement invisible et il a parfaitement conscience que l'image lumineuse et colorée dont il se sert n'a pas plus de rapport avec la réalité qu'il perçoit que les caractères de l'écriture dont nous nous servons pour noter un fait quelconque n'en ont, par exemple, avec ce fait lui-même. Cependant il n'a pas fait que traduire arbitrairement par des représentations sensibles le phénomène supra-sensible qu'il a perçu. Pendant qu'il observait ce phénomène, il contemplait bien réellement une image analogue à celle d'une impression sensible. La raison en est qu'il n'était pas complètement affranchi du corps physique. Celui-ci reste lié au corps élémentaire et revêt l'expérience supra-sensible d'une apparence sensible ; c'est pourquoi la description que donne la personne qui perçoit un être élémentaire revêt le caractère d'une vision, ou d'un assemblage fantaisiste d'impressions sensibles. Sa description n'en est pas moins la traduction réelle de l'expérience qu'elle a faite. Elle a bien réellement vu ce qu'elle décrit. Son erreur ne consiste pas à décrire sa vision, mais à la prendre pour la réalité dont elle n'est que le signe. Une personne qui n'aurait jamais perçu de couleurs, — un aveugle-né — qui acquerrait la vision du monde élémentaire et qui voudrait décrire un être de ce monde, ne dirait jamais qu'il ressemble à un jet de couleurs. Il se servirait d'images qui lui seraient familières. Mais lorsqu'on s'adresse à des personnes douées de la vue physique, il convient de faire usage d'images visuelles. Celles-ci leur permettent de se représenter la vision qu'on veut leur communiquer. Et cette remarque ne s'applique pas seulement aux communications qu'un clairvoyant (nous appelons clairvoyant l'homme capable de percevoir au moyen de son corps éthérique) fait à l'homme qui ne l'est pas, mais à celles des clairvoyants entre eux.

Le corps que l'homme possède dans le monde physique revêt les impressions supra-sensibles de formes sensibles, c'est pourquoi, durant la vie terrestre, on peut utilement se servir, pour exprimer ces impressions, des images physiques qu'elles font naître.

Il s'agit d'éveiller dans l'âme de l'auditeur ou du lecteur un sentiment qui soit dans un rapport adéquat avec le fait envisagé. Les images sensibles n'ont d'autre but que de provoquer ce sentiment. La forme sous laquelle elles se présentent leur interdit toute réalité possible dans le monde physique. C'est précisément là leur caractère distinctif, caractère qui leur permet de susciter chez celui qui les reçoit des expériences intérieures qui n'auront aucun rapport avec le monde des sens.

Au début de la clairvoyance, on aura de la peine à s'affranchir de l'expression symbolique. Mais à mesure que cette faculté se développera, on éprouvera le besoin de créer des moyens d'expression plus libres. Il sera toujours nécessaire, dans ce cas, d'expliquer d'abord les signes particuliers dont on se sert. Plus notre culture exigera la diffusion des connaissances supra-sensibles et plus on éprouvera le besoin de se servir, pour les formuler, de moyens d'expression empruntés à la vie quotidienne.

Les expériences supra-sensibles peuvent survenir tout

à coup et nous surprendre. Elles nous donnent alors l'occasion de nous instruire sur le monde supérieur, par notre expérience personnelle, dans la mesure où ce monde nous fait la grâce d'illuminer notre vie intérieure. Mais une faculté supérieure consiste à savoir susciter volontairement la clairvoyance. En général, son acquisition n'est due qu'à la poursuite énergique du renforcement de la vie de l'âme. Cependant, elle dépend aussi beaucoup d'un certain état d'esprit qu'il faut savoir atteindre. Une attitude calme, sereine, vis-à-vis du monde sensible est indispensable. Cette attitude est aussi éloignée du désir brûlant d'acquérir des connaissances nombreuses et précises concernant le monde spirituel, que de l'indifférence vis-à-vis de ce monde. L'avidité à connaître a pour effet de répandre comme une brume invisible sur la vision extra-corporelle. L'indifférence a pour conséquence que les objets supra-sensibles se manifestent bien, mais qu'ils ne sont pas perçus. Cette indifférence revêt parfois une forme particulière : il y a des personnes qui désirent, en toute sincérité, atteindre la clairvoyance. Mais elles se font une idée préconçue du caractère que devront avoir leurs expériences pour qu'elles en admettent l'authenticité. Que surviennent des phénomènes de véritable clairvoyance, ils passeront rapidement, sans susciter le moindre intérêt de la part de ces personnes, parce qu'ils ne répondent pas à l'idée qu'elles s'en étaient faite.

Lorsque la clairvoyance est due au travail de l'âme sur

elle-même, il vient un moment où elle se dit : « Voici que j'éprouve une sensation toute nouvelle. » Le phénomène demeure imprécis, c'est plutôt un sentiment vague de ne plus se trouver en face du monde sensible, de ne plus vivre en lui, mais aussi de ne plus vivre en soi-même, comme on le fait à l'état normal. La vie extérieure et la vie intérieure se confondent, fusionnent en un sentiment unique, jusqu'alors inconnu, et l'âme sait que ce sentiment ne peut provenir ni du monde extérieur que perçoivent les sens, ni des représentations ordinaires qu'ils font naître ou que les souvenirs évoquent.

Le méditant sent ensuite un élément nouveau, issu d'un monde jusqu'alors inconnu, s'insinuer dans son état d'âme. Il n'arrive pas à le définir. Il l'éprouve, il ne peut se le représenter. Il est envahi par le sentiment que son corps physique est l'obstacle qui l'empêche de reconnaître la nature de cet élément nouveau. Il faut qu'à ce moment il redouble d'efforts intérieurs, qu'il poursuive son travail. Au bout d'un certain temps, il se sentira vainqueur de la résistance de son corps. L'instrument physique de son intelligence n'était capable de créer que des représentations se rattachant à des phénomènes du monde sensible. Il était inapte à élever jusqu'à la représentation, les révélations du monde supra-sensible qui cherchent accès auprès de lui. Il devait être façonné dans ce but. Il en est de l'homme comme de l'enfant qui est entouré du monde sensible, mais dont l'instrument intellectuel doit être préparé par l'expérience de ce monde, avant d'arriver à le concevoir. Le clairvoyant fait, au début et à un degré supérieur, un travail analogue à celui de l'enfant sur l'instrument de son intelligence. Il le développe au moyen de ses pensées fortifiées et il le transforme peu à peu jusqu'à le rendre capable d'étendre au monde supra-sensible sa faculté de représentation. Cette action de l'âme sur le corps est éprouvée par le clairvoyant. Son corps lui oppose d'abord une violente résistance, il lui fait l'effet d'un corps étranger qu'il porterait en lui. Mais le corps s'adapte progressivement à la vie de l'âme, et finalement, il n'est plus un obstacle. Par contre, le monde supra-sensible se découvre. De même en est-il de l'œil que nous ne sentons pas, mais auquel nous devons la perception du monde des couleurs. Il faut que le clairvoyant ait acquis la faculté de ne pas percevoir son corps, avant que son âme puisse percevoir le monde supra-sensible.

En règle générale l'homme qui est arrivé ainsi, par l'exercice de sa volonté, à rendre son âme clairvoyante, peut toujours provoquer sa clairvoyance en concentrant sa pensée sur un objet qu'il se sait capable d'évoquer avec une particulière intensité. Cette concentration fera apparaître sa clairvoyance. Au début, il ne sera pas capable de diriger sa vision. Tel objet ou tel phénomène supra-sensible se révéleront à lui, sans que son âme ait été préparée à les recevoir ou les ait recherchés. Cependant, en poursuivant son effort intérieur, le clairvoyant arrivera à diriger à sa guise son observation spirituelle. De même que nous cherchons à rappeler un souvenir disparu en en évoquant un autre qui lui est apparenté, de même le clairvoyant peut choisir, pour point de départ de sa recherche, tel fait qu'il est en droit de supposer lié à celui qu'il voudrait atteindre. En concentrant toute sa pensée sur le fait connu il arrive souvent qu'après un temps plus ou moins long il provoque l'apparition du phénomène cherché. Il faut noter cependant que, d'une façon générale, l'attente calme du moment propice présente pour le clairvoyant de grands avantages. Il ne doit rien brusquer. Si telle expérience à laquelle il aspire ne se présente pas, il est préférable qu'il y renonce momentanément, quitte à chercher plus tard une nouvelle occasion pour qu'elle se manifeste. L'appareil de la connaissance humaine a besoin de mûrir lentement pour certaines expériences. Celui qui n'a pas la patience d'attendre sa maturité ne fera que des observations erronnées ou inexactes.

QUATRIÈME MÉDITATION

LE MÉDITANT CHERCHE A SE FORMER UNE REPRÉSENTATION DU « GARDIEN DU SEUIL »

Lorsque l'âme a acquis la faculté d'observer sans l'intermédiaire de son corps physique, certaines difficultés peuvent surgir dans sa vie sentimentale. Elle peut se voir obligée de prendre, vis-à-vis d'elle-même, une tout autre attitude que par le passé. Auparavant, elle considérait le monde sensible comme un domaine extérieur à elle, et les expériences de sa vie intérieure comme constituant sa propriété. Mais, à présent qu'elle se trouve en face du monde supra-sensible, il lui devient impossible de conserver ce point de vue. A peine perçoit-elle ce monde supérieur qu'elle se répand pour ainsi dire en lui. Elle ne se sent pas isolée de lui comme du monde extérieur matériel. En conséquence, tout ce qu'elle appelait auparavant sa vie intérieure revêt maintenant un caractère très spécial, très difficile à accorder avec la notion d'intériorité qui nous est habituelle. Nous ne pouvons plus dire alors : « Je pense, je sens », ou « je façonne les pensées que je trouve en moi », mais nous nous sentons obligés de dire : « Quelque chose pense en moi, quelque chose éveille en moi des sentiments, quelque chose façonne des pensées et les révèle à ma conscience sous une forme déterminée. »

Or, ce sentiment peut devenir extrêmement accablant, à supposer que notre expérience du monde supra-sensible soit de nature à nous convaincre que nous n'avons affaire ni à une fantaisie, ni à une illusion, mais à une réalité. Nous arrivons à nous rendre compte que le monde extérieur supra-sensible cherche à se sentir, à se penser en nous, mais qu'un obstacle s'oppose à ce qu'il veut vraiment exprimer. Nous éprouvons alors que ce qui cherche à s'introduire de la sorte dans notre âme, c'est la réalité véritable et que seule cette réalité pourrait jeter de la lumière sur les expériences que nous tenions jusque là pour réelles.

Notre impression revêt encore la forme suivante : la réalité supra-sensible nous paraît douée d'une valeur infiniment supérieure à celle de la réalité ordinaire seule connue de nous jusqu'à ce jour. Si ce sentiment a quelque chose d'accablant, cela tient au fait que nous voyons alors quel est le prochain pas que nous avons à faire ; nous nous sentons le *devoir* de l'accomplir. Tout ce que notre vie intérieure a fait de nous exige maintenant que nous fassions ce progrès, sous peine de nous renier et de nous annihiler nous-mêmes. Et, cependant, un autre sentiment intervient, celui de notre incapacité à entreprendre la tâche qui s'impose, ou celui de notre incapacité à y réussir si nous l'entreprenons.

Toutes ces impressions se résolvent dans la représentation suivante : « Telle qu'est actuellement mon âme, un devoir lui incombe. Mais elle est incapable de l'accomplir parce que le monde supra-sensible ne l'accepte pas telle qu'elle est. » Ainsi, l'âme en vient à se sentir en opposition avec le monde supra-sensible, elle en vient à se dire : « Je ne suis pas apte à me résoudre dans cet univers supérieur et, cependant, lui seul peut me montrer la vraie réalité, lui seul peut m'apprendre quel est le rapport de ma personne avec la vraie réalité. Je me suis donc scindé complètement de la connaissance du réel. »

Ce sentiment est la conséquence d'une expérience intime par laquelle se révèle, de mieux en mieux, à nos propres yeux, la valeur véritable de notre âme. Nous nous voyons impliqués, de tout notre être et de toute notre vie, dans une immense erreur. C'est une erreur qui diffère radicalement des erreurs ordinaires, car ces dernières ne sont que des erreurs *pensées*, tandis que l'immense erreur de l'âme est une erreur *vécue*. Une erreur *pensée* disparaît lorsqu'on remplace l'idée fausse par une idée vraie. Mais l'erreur *vécue* est devenue partie intégrante de l'âme : *celle-ci est erreur*. Et il est impossible de rectifier cette erreur en changeant simplement le cours de ses pensées. Cette erreur est une partie de la réalité, de notre propre réalité.

Une telle expérience a quelque chose qui annihile l'être. L'âme se sent repoussée par tout ce qu'elle désire. Cette douleur qu'on éprouve à un certain stade du pèlerinage de l'âme surpasse de beaucoup tout ce que le monde sensible peut offrir de souffrances. Et c'est pourquoi les forces que l'âme s'est acquises par sa pratique antérieure de la vie ne sont pas toujours à la mesure de cette épreuve. Un effet stupéfiant peut se produire. Une question terrible se pose : où trouverai-je les forces dont j'ai besoin pour supporter la tâche qui m'est imposée là ? Mais l'être ne peut trouver ces forces qu'en lui-même. Elles constituent ce qu'on peut nommer le courage, l'intrépidité intérieure.

Pour progresser, dès lors, sur la voie du pèlerinage spirituel, il faut que nous nous voyions amener à éclore en nous ces forces d'endurance psychique, d'où découlent un courage, une intrépidité, bien supérieurs à ceux que nécessite la vie dans le corps physique. Ces forces ne peuvent résulter que de la vraie connaissance de soi. C'est seulement à ce degré de l'évolution intérieure que nous constatons combien peu nous avions connu jusque là de nous-mêmes. Nous nous abandonnions à notre vie intérieure au lieu de l'observer objectivement, comme nous ferions d'une portion du monde extérieur. Mais les progrès que nous avons accomplis, pour devenir conscients en dehors du corps physique, nous ont armés d'une manière toute nouvelle pour la soi-connaissance. Nous avons appris à nous examiner nous-mêmes d'un point de vue spécial, qui ne peut exister que grâce à l'observation libérée des sens. Et le sentiment d'accablement qui a été décrit plus haut est déjà un indice de la véritable soi-connaissance. Se sentir impliqué dans une erreur, en ce qui concerne ses relations avec le monde extérieur, c'est apercevoir le fond de son être personnel, tel qu'il est réellement.

Or, il est dans la nature de l'homme de souffrir de ces révélations. Les tourments dont nous sommes alors la proie nous révèlent à quel point nous portons en nous le désir très naturel de reconnaître une certaine valeur à notre personne, telle qu'elle est. Ce désir peut nous paraître dépourvu de beauté, mais il existe ; il faut savoir regarder en face cette laideur de son propre soi. Jusqu'alors, nous ignorions cette laideur parce que nous n'avions jamais pénétré consciemment dans les profondeurs de notre être. A présent, nous reconnaissons combien nous aimions, en nous-mêmes, un être dont la laideur vient de se révéler à nous. Ce que nous percevons maintenant, c'est la puissance de l'amour-propre. Et nous sentons en même temps que nous avons très peu de disposition à nous dépouiller de cet amour-propre.

Ces difficultés sont déjà très grandes en ce qui concerne les qualités que développe notre âme dans la vie ordinaire et dans nos rapports avec nos semblables. La véritable soi-connaissance nous apprend, par exemple, que nous dissimulions au fond de notre âme de la jalousie, de la haine, envers une personne pour laquelle nous ne pensions nourrir que des sentiments bienveillants. Nous apprenons que cette jalousie, cette haine, qui ne se sont pas encore manifestés, tendront à se montrer un jour. Nous nous rendons compte alors qu'il serait vain de nous dire : « Puisque je reconnais cette jalousie, cette haine, je vais pouvoir l'étouffer en moi. » Nous prévoyons au contraire, que notre bonne résolution perdra tout son pouvoir le jour où se déchaînera en nous, comme une force de la nature, l'instinct de satisfaire cette jalousie ou cette haine. Voilà de quelle manière la soi-connaissance s'éveille chez les êtres humains, revêtant pour chacun une forme particulière. Si ces expériences se présentent au moment où l'on commence à vivre consciemment hors de son corps physique, c'est que, précisément à ce moment-là, la soi-connaissance devient réelle, n'étant plus troublée par notre désir de nous trouver conformes à ce que nous aimerions être.

Ces phénomènes de soi-connaissance partielle sont pénibles, accablants pour celui qui les éprouve. Mais on ne saurait acquérir la faculté de vivre hors de son corps physique, sans passer par ces épreuves. Elles résultent nécessairement de l'attitude très particulière que l'on doit alors adopter à l'égard de soi-même.

Mais il est un instant où nous avons besoin d'une énergie psychique encore plus grande. C'est lorsque intervient une soi-connaissance d'ordre général, d'ordre purement humain. On se considère alors, soi-même, d'un point de vue entièrement extérieur à sa propre vie, telle qu'elle avait été jusqu'à ce jour. « Jusqu'à présent, se dit-on, j'ai observé, j'ai jugé les choses et les phénomènes de ce monde d'après les lois de ma nature humaine. Que j'essaye un instant d'imaginer que je sois mis dans l'impossibilité de le faire. Je cesserais alors d'être moi-même. Je n'aurais plus de vie intérieure ; je serais un néant. » C'est ainsi que doit raisonner, non seulement l'homme ordinaire qui se satisfait de son existence quotidienne et ne réfléchit que rarement sur le monde, sur la vie, mais aussi le savant, le philosophe. Le propre de la philosophie n'est-il pas d'observer et de juger le monde selon la mesure des facultés humaines ? Or, cette manière d'observer et de juger ne saurait convenir au monde supra-sensible. Elle est pour ainsi dire réfutée par lui. Mais, du même coup, notre personnalité tout entière se trouve réfutée. Le méditant se tourne vers son âme tout entière, vers son *moi*. Ce *moi* devient une chose qu'il faut abandonner pour pénétrer dans le monde supérieur. Or, avant notre entrée dans le domaine spirituel, nous ne pouvions nous empêcher de tenir notre *moi* pour notre être véritable, pour notre essence réelle. Nous nous disions : « C'est grâce à ce *moi* que je conçois le monde ; le perdre, ce serait renoncer à mon être véritable. » L'instinct le plus impérieux pousse l'âme à conserver toujours son moi, sous peine de perdre pied. Cet instinct, dans la vie ordinaire, est absolument justifié. Il doit disparaître dès qu'on pénètre dans le monde supra-sensible extérieur. Là se trouve le seuil que l'âme doit franchir, et devant ce seuil il lui faut abandonner, non seulement telle ou telle possession précieuse, mais encore ce qu'elle croyait être jusqu'alors sa propre réalité. Elle est obligée de se dire : « Sois prête à voir ta plus grande vérité devenir ta plus grande erreur au delà de ce seuil. »

L'âme peut reculer d'effroi devant une pareille exigence. Elle peut avoir le sentiment que cet acte impliquerait un tel renoncement, un tel anéantissement d'elle-même, qu'elle s'avoue impuissante à l'accomplir. Cet aveu d'impuissance peut revêtir des formes multiples. Il peut arriver qu'il prenne l'apparence d'un instinct, et que nous méconnaissions son caractère véritable, tout en pensant et tout en agissant sous son impulsion. Nous éprouvons alors une profonde répulsion à l'égard de toutes les vérités supra-sensibles. Nous les considérons comme des rêveries, des fantasmagories. Cette répulsion nous est inspirée réellement par la peur que nous avons de ces vérités ; mais cette peur se dissimule dans le fond le plus secret de l'âme. Nous imaginons alors que seules les connaissances acquises par les sens et par l'intellect nous permettent de vivre. Et nous évitons de nous approcher du seuil du monde spirituel. Nous déguisons notre crainte en nous persuadant que tout ce qui, soi-disant, réside au delà du seuil, n'est qu'une hypothèse injustifiable au regard de la science et de la raison. En réalité, si nous tenons tant à cette science et à cette raison, telles que nous les connaissons, c'est qu'elles sont liées à notre *moi*. Il s'agit là d'une forme très commune d'amour-propre. Mais cet amour-propre est incompatible avec le monde supra-sensible.

Il peut arriver aussi que l'homme ne se contente pas de cet arrêt instinctif devant le seuil. Il peut arriver qu'il l'atteigne consciemment et fasse alors volte-face parce qu'il a peur de ce qu'il a trouvé devant lui. Lorsque ce cas se produit, l'homme qui s'est approché du seuil ne peut plus guère éviter les effets que cette approche exerce sur la vie ordinaire de l'âme, ni les conséquences qu'entraînera pour lui, en se répandant sur toute sa vie intérieure, le sentiment d'impuissance qu'il a éprouvé.

Il faut, au contraire, qu'en pénétrant dans le monde supra-sensible, l'homme ait acquis la force d'abandonner ce sentiment du *moi* qui constitue, dans la vie ordinaire, sa vérité la plus certaine. Il faut qu'il s'adapte à une façon toute nouvelle de sentir et de juger les choses. Mais il faut aussi qu'il reste toujours capable de retrouver, en face du monde des sens, le mode de sentir et de juger qui s'accorde avec celui-ci. Il doit apprendre à vivre consciemment, non seulement dans deux mondes, mais encore de deux manières tout à fait différentes. Et il ne faut pas que la nécessité où il se trouve d'adopter une nouvelle façon de sentir et de juger fausse la justesse de son discernement dans le monde des sens.

Cette attitude est extrêmement difficile à réaliser. Elle exige une discipline énergique, inlassablement poursuivie en vue de fortifier la vie de l'âme.

Lorsqu'on subit les épreuves qui attendent l'homme devant le seuil des mondes supérieurs, on comprend à quel point il est salutaire, pour la vie courante de l'âme, de n'y pouvoir atteindre. Les événements qui nous bouleversent devant le seuil sont de telle nature que nous en venons à nous représenter un Être puissant, dont émane une interdiction bienfaisante. Cet Être protège l'homme contre les terreurs et les dangers qu'entraîne, sur le seuil, l'anéantissement du *moi*.

Derrière le monde extérieur qui s'offre à notre vie ordinaire, il s'en trouve un autre. Au seuil de cet autre univers se dresse un sévère Gardien. Celui-ci nous empêche de rien connaître des lois du monde supra-sensible. Car, si cruels que puissent être nos doutes au sujet de ce monde, ils sont plus faciles à supporter que la vision de ce qu'il faut abandonner lorsqu'on y pénètre.

L'homme, aussi longtemps qu'il ne s'approche pas lui-même du seuil, reste protégé contre les expériences que nous venons de décrire. Les récits que peuvent faire les personnes qui s'en sont approchées, ou qui l'ont franchi, ne nuisent pas à cette protection. Ces récits peuvent, par contre, nous être fort utiles lors de notre propre arrivée au seuil. Il est plus facile d'accomplir un acte lorsqu'on a pu s'en faire une idée préalable, que lorsqu'on en ignore tout.

Cependant, la soi-connaissance que chacun doit acquérir par lui-même ne s'en trouve nullement modifiée.

Certains clairvoyants, ou des personnes familiarisées avec la clairvoyance, prétendent qu'il ne faut pas parler de ces choses à ceux qui ne sont pas encore résolus à en chercher eux-mêmes l'accès. Cela n'est pas exact. Nous vivons actuellement à une époque où les hommes doivent se familiariser de plus en plus avec la nature des mondes suprasensibles s'ils veulent que leurs âmes soient à la hauteur des nécessités présentes. La divulgation des connaissances spirituelles, y compris celles qui concernent le Gardien du Seuil, est une des tâches qui incombent à notre époque et au proche avenir.

CINQUIÈME MÉDITATION

LE MÉDITANT ESSAYE DE SE FORMER UNE REPRÉSENTATION DU « CORPS ASTRAL ».

Nous sommes moins séparés du monde supra-sensible où nous introduit notre corps élémentaire, que du monde physique dont notre corps sensible a la perception. On peut dire cependant, pour exprimer le rapport dans lequel nous sommes avec ce monde supra-sensible, que nous lui empruntons certaines de ses substances pour en former notre propre corps élémentaire, tout comme nous empruntons au monde physique les forces et les substances qui composent notre corps matériel. Le clairvoyant s'en rend compte lorsque, dégagé de son corps sensible, il cherche à s'orienter dans le monde nouveau. Supposons qu'il rencontre quelque fait ou quelque être appartenant à ce monde. Il le voit, mais il ne peut en déterminer la nature. S'il est suffisamment fort, il peut le chasser, mais il lui faut pour cela retourner dans le monde des sens par un rappel énergique des expériences que ce monde comporte. Il est impossible au clairvoyant de rester dans le monde supra-sensible et de comparer le fait ou l'être qui se présente à lui avec d'autres faits ou d'autres êtres, ce qui lui permettrait de s'orienter sur la signification de sa vision. La perception du monde supra-sensible peut donc être limitée à celle de certains détails et n'implique pas pour le clairvoyant la possibilité de se mouvoir d'un point à un autre. Il se sent retenu par le point particulier qu'il perçoit.

Or, il peut chercher la cause de cette limitation. Il ne la découvre qu'en fortifiant encore sa vie psychique par son développement intérieur jusqu'à ce qu'il parvienne à s'affranchir de cette limitation. Il reconnaît alors que c'est dans son âme elle-même que réside la cause de l'impossibilité où il se trouvait de se mouvoir d'une perception à une autre. Il se rend compte que la vision du monde supra-sensible se distingue encore sur un autre point de la perception physique. Tandis qu'il suffit, par exemple, d'avoir de bons yeux pour discerner l'ensemble des objets matériels, l'organe de perception du corps élémentaire peut être suffisamment développé pour percevoir tel objet particulier, mais avoir à subir un nouvel entraînement, avant de pouvoir en discerner un autre. Ce genre de développement donne au clairvoyant la sensation d'un éveil de son organe de perception à une portion déterminée du monde spirituel, comme si le corps élémentaire se trouvait à l'égard de ce monde dans un état de sommeil et qu'il faille l'éveiller à chacune de ses particularités. On est en droit de parler d'un état de sommeil et d'un état de veille de l'être dans le monde élémentaire. Seulement ces états n'alternent pas comme dans la vie physique ; ils coexistent. Aussi longtemps que le corps élémentaire n'a été doué d'aucune faculté de perception, il dort. Nous portons tous en nous un corps élémentaire, mais c'est un corps endormi. Avec le renforcement de la vie psychique l'éveil commence, mais il n'atteint tout d'abord qu'une partie du corps élémentaire et l'âme ne se familiarise avec le monde supra-sensible que progressivement, au fur et à mesure que s'éveille le corps élémentaire.

Or, le monde supra-sensible ne lui est d'aucun secours pour ce travail. A supposer même que l'âme ait déjà appris à discerner un grand nombre de choses, la vision de l'âme de ces choses n'implique nullement celle d'un autre objet. Il n'est rien dans le milieu élémentaire qui puisse communiquer à l'âme la liberté du mouvement. Celle-ci ne s'obtient, et pour des régions de plus en plus étendues, que par la poursuite des exercices d'entraînement.

Au cours des expériences que fait le clairvoyant, son attention se trouve attirée par un élément qu'il découvre en lui-même lorsqu'il se familiarise avec le monde élémentaire et qui, cependant, ne lui appartient pas. Il se reconnaît dans un être qui sert de guide au corps élémentaire dans les mondes supérieurs, qui est son maître et qui l'éveille peu à peu à une conscience supérieure.

A ce moment, un sentiment de solitude extrême envahit l'âme du clairvoyant, il se voit entouré de toutes parts d'un monde purement élémentaire et, au milieu de ces espaces infinis, il ne découvre nulle part son semblable. Nous ne prétendons pas que toutes les disciplines qui ont pour but la clairvoyance conduisent à cette effroyable solitude, mais l'homme qui, consciemment et par ses propres moyens, accroît les pouvoirs de son âme, en fera l'expérience. Et, s'il est le disciple d'un maître qui le suit pas à pas et lui donne les instructions nécessaires à son développement, un jour viendra, tôt ou tard, mais inévitablement, où il se sentira abandonné par lui, livré par lui à la solitude du monde élémentaire. Plus tard seulement il reconnaîtra que son maître fut sage en agissant ainsi, jugeant que l'indépendance lui était indispensable.

L'âme qui atteint ce point de son pèlerinage se sent, en quelque sorte, en exil dans le monde élémentaire. Mais, si ses exercices intérieurs l'ont douée d'une intrépidité assez grande, elle poursuivra sa route. Elle pourra commencer à voir surgir, non point autour d'elle, mais en elle-même, un monde nouveau qui n'est ni celui des sens, ni le monde élémentaire, mais qui vient s'ajouter à ce dernier. Ce second monde supra-sensible lui paraît d'abord tout intérieur. Elle le porte en elle-même, elle se sent seule avec lui.

La comparaison suivante fera mieux comprendre l'état dans lequel l'âme se trouve alors. Supposons que nous ayons vu mourir tous les parents qui nous étaient chers et que nous ne gardions d'eux que le souvenir. Nos parents ne survivent pour nous que dans nos pensées. C'est de la même manière que s'offre à l'âme le second monde spirituel. Elle le porte en elle comme le souvenir, mais elle sait qu'elle n'a aucune part à sa réalité. Toutefois, ce reflet de la réalité qui vit seul dans l'âme est lui-même infiniment plus réel que ne le sont les souvenirs dans le monde sensible. Ce monde supérieur possède une existence indépendante et tous ses éléments ont une tendance à sortir de l'âme, à se diriger vers un autre lieu. L'âme sent vivre un monde en elle, mais elle a l'impression qu'il cherche à se séparer d'elle, que ses éléments vont la faire éclater. Cette tension peut s'accroître au point de libérer ces éléments, il semble que ceux-ci déchirent quelque chose comme une enveloppe de l'âme et qu'ils fuient. Et l'âme se sent appauvrie, alors, de tout ce qui s'est détaché d'elle.

Or, elle constate que les choses qu'elle a su aimer dans son monde intérieur, aimer avec désintéressement, pour elles-mêmes et non parce que ces choses étaient en elle, se comportent d'une façon particulière. Elles ne s'arrachent pas de l'âme ; elles s'en échappent, il est vrai, mais en l'entraînant, en quelque sorte, avec elles. Elles l'attirent vers le lieu où réside leur réalité. Une sorte de fusion s'opère entre l'âme et l'essence véritable de ces choses dont elle ne possédait, jusqu'alors, qu'une espèce de reflet.

L'amour dont nous parlons ici doit être éprouvé dans le monde supra-sensible. Dans le monde des sens on ne peut que s'y préparer. On le peut, en effet, car, plus on sait aimer dans le monde physique, plus on conserve de cette faculté dans le monde spirituel. Voici un exemple de la manière dont s'applique ce principe : prenons les plantes. On n'atteint les êtres supra-sensibles réels qui sont en relation avec elles que si on les aime. Cependant, il peut arriver qu'une personne paraisse tout à fait indifférente au règne végétal dans le monde physique, et que son âme n'en recèle pas moins pour lui une sympathie inconsciente. Dans ce cas, son amour pourra se réveiller lorsqu'elle pénétrera dans le monde supra-sensible.

Comme elle peut dépendre de l'amour, l'union avec les êtres du monde supérieur peut être conditionnée par d'autres sentiments, tels que le respect, la vénération. Ceux-ci peuvent être inspirés à l'âme par des êtres qui ne se manifestent encore au fond d'elle-même que sous forme d'images, de reflets. Cependant, ces sentiments doivent toujours appartenir au domaine intérieur de l'âme. L'âme apprend ainsi à connaître les êtres du monde supra-sensible, auxquels le développement de ses sentiments lui ont donné accès.

C'est là un moyen sûr de s'orienter dans le monde supérieur : il consiste à se frayer une voie vers les êtres qui le peuplent, grâce aux rapports que l'on établit, en soi-même, avec leurs images. Dans le monde physique on aime un être quand on le connaît. Dans le second monde supra-sensible on peut, avant de rencontrer l'être réel, en aimer l'image, celle-ci s'étant offerte la première.

L'élément nouveau que l'on apprend de la sorte à distinguer en soi n'est pas le corps élémentaire, mais c'est ce qui l'éveille. Si, au lieu de perdre conscience dans le sommeil, nous restions, au contraire, conscients en dehors de notre corps physique, nous nous reconnaîtrions nous-même dans l'être qui produit cet éveil. C'est la troisième entité que nous distinguons dans notre âme après le corps physique et le corps élémentaire. Appelons-la le *corps astral*, et ne désignons, pour le moment, sous ce nom, que l'entité qui se révèle à l'âme de la manière que nous venons de décrire.

SIXIÈME MÉDITATION

LE MÉDITANT ESSAYE DE SE FORMER UNE REPRÉSENTATION DU « CORPS DU MOI » OU « CORPS DES PENSÉES ».

Le corps astral, plus que le corps élémentaire, donne à l'âme le sentiment d'exister en dehors du corps sensible. Le corps élémentaire lui donne bien la sensation d'avoir échappé au corps physique, mais elle continue à éprouver ce corps. Pour le corps astral, au contraire, le corps sensible devient, lui aussi, une chose extérieure. Lorsque l'âme prend conscience de son corps élémentaire, elle se sent se dilater ; par contre, quand elle pénètre dans la vie du corps astral, elle a l'impression de bondir dans une autre entité, entité soumise à l'action d'un monde d'êtres spirituels. L'âme se sent liée ou apparentée de quelque manière à ces êtres. Et elle apprend graduellement à reconnaître les rapports qu'ils ont entre eux. La conscience humaine voit, à partir de ce moment, son monde s'étendre vers l'esprit. C'est ainsi qu'elle apprend à connaître certaines entités spirituelles qui président à la succession des époques de l'évolution humaine et veillent à ce que le caractère de chacune de ces époques soit bien réellement déterminé par des êtres. Ce sont les Esprits du temps ou Principautés.

L'âme apprend encore à distinguer d'autres êtres dont la vie psychique est telle que leurs pensées sont en même temps des forces naturelles. Elle est amenée à reconnaître que les forces naturelles n'existent sous cette forme que pour les sens physiques et qu'en réalité, partout où elles se déploient, s'expriment les pensées de certains êtres, de même que dans le geste d'une main s'exprime une âme humaine.

Il ne s'agit point là d'une théorie qui imaginerait, derrière les phénomènes naturels, des entités dissimulées. Lorsqu'on vit consciemment dans son corps astral, on entre en relation avec ces entités d'une façon aussi peu théorique, aussi concrète que sont réelles et concrètes nos relations avec nos semblables dans le monde des sens.

On peut distinguer une gradation parmi les entités dans le domaine desquelles on pénètre et parler d'un monde de hiérarchies supérieures. Les êtres dont les pensées se manifestent à la perception des sens sous l'aspect des forces naturelles peuvent être appelés les *esprits de la forme*.

L'âme ne peut vivre dans ce monde supérieur qu'à la condition que son être physique lui devienne aussi étranger que lui est étrangère une plante, par exemple, qu'elle perçoit dans le monde des sens. Cette manière de vivre en dehors de ce que nous sommes obligés, dans la vie ordinaire, de considérer comme résumant tout notre être, est infiniment pénible, aussi longtemps qu'une autre expérience n'est pas venue s'ajouter à celle-ci. Si le travail psychique intérieur se poursuit énergiquement et s'il mène à une concentration et à un renforcement suffisants de la vie de l'âme, l'intensité de cette souffrance peut être évitée, attendu que la seconde expérience peut commencer à se développer lentement pendant que se poursuit l'acclimatation de l'âme dans le corps astral.

Voici en quoi consiste cette seconde épreuve : l'âme voit toutes ses qualités, toutes ses possessions antérieures revêtir l'aspect de souvenirs, et elle prend à l'égard de tout ce qui constituait auparavant son « moi » l'attitude que lui inspirent ses souvenirs dans le monde matériel. Seule une expérience de cette nature la rend vraiment consciente d'un monde absolument différent de celui des sens, et de la vie duquel son être même participe. Désormais, son « moi » passé devient à l'âme une chose étrangère à son être réel. Elle peut le considérer objectivement et en elle surgit l'image de ce qu'est réellement l'être qu'elle contemple et dont elle disait : « Il est moi-même. » A présent, elle ne parle plus ainsi, elle dit : « Je le porte avec moi comme une chose étrangère ». De même qu'au cours de l'existence ordinaire l'âme se sent indépendante de ses souvenirs, de même le « moi » nouveau, le « moi » acquis, se sent indépendant du « moi » ancien. Il appartient au monde des entités spirituelles.

Or cette expérience — car ici encore, c'est bien d'une

expérience vécue et non d'une théorie qu'il s'agit — nous permet de pénétrer la nature véritable de ce que nous avons pris jusqu'alors pour notre « moi ». Ce « moi » se présente à nous comme un tissu de souvenirs, produits par le corps sensible, le corps élémentaire et le corps astral, de même que l'image que reflète un miroir est produite par celui-ci. Pas plus que nous ne nous confondons avec cette image, l'âme qui se connaît dans le monde spirituel ne se confond avec ce qu'elle voit d'elle-même dans le monde sensible. Il est bien entendu que cette comparaison ne doit pas être poussée trop loin : l'image disparaît lorsque nous nous éloignons du miroir, le tissu des souvenirs qui composent ce que nous prenons dans le monde sensible pour notre « moi » réel est doué d'une plus grande indépendance et se comporte d'une manière personnelle. Pourtant, en face de l'existence véritable de l'âme, il n'est qu'une image de notre être. L'âme qui vit de sa vie véritable sent qu'elle a besoin de cette image pour se révéler à elle-même. Elle sait qu'elle n'est pas ce reflet, mais qu'elle ne serait jamais parvenue à se connaître, si elle ne s'était saisie d'abord dans son image reflétée par un monde qu'elle trouve extérieur à elle depuis son ascension dans le monde spirituel.

Le tissu de souvenirs dont est fait le « moi » ancien peut être appelé le *corps du moi* ou *corps des pensées.* Mais il faut ici étendre le sens du mot « corps ». Ce mot désigne, en effet, dans ce cas, tout ce que nous percevons de nous-même, et dont nous ne disons pas que nous l sommes, mais que nous le revêtons. Lorsque grâce à notr conscience clairvoyante nous sommes parvenus à ne plu voir qu'une somme de souvenirs dans ce que nous consi dérions auparavant comme notre être lui-même, nou pouvons avoir l'expérience de ce qui se cache derrière l phénomène de la mort. Car nous pénétrons alors jusqu' l'essence même d'un monde réel. Dans ce monde, nou trouvons un être en qui nous nous reconnaissons nous-mêmes et qui conserve, comme dans une mémoire, le expériences de la vie sensible. Ces expériences ont besoin, pour se perpétuer, d'une entité qui les fixe, comme le moi ordinaire fixe les souvenirs du monde matériel. La connaissance du monde suprasensible nous révèle que l'être humain a sa vie dans le monde des entités spirituelles et que c'est grâce à elles que se conserve le souvenir de l'existence physique. A la question : « Que deviendra après la mort notre être acuel ? » l'investigateur spirituel répond : « Il sera ce qui se conservera de lui, en vertu de sa vie d'être spirituel parmi d'autres êtres spirituels. »

Nous apprennons à connaître la nature de ces êtres et la nôtre, et cette connaissance est le fait d'une expérience immédiate : nous savons que les êtres spirituels, et avec eux notre propre âme, possèdent une existence en regard de laquelle notre vie matérielle n'est qu'une manifestation transitoire.

Grâce à la première méditation, il est apparu à notre

conscience ordinaire que notre corps appartient au monde physique et que l'action réelle de ce monde sur nous se révèle dans la dissociation du corps qui suit la mort. A présent, grâce à notre clairvoyance, nous découvrons que le moi humain appartient à un monde auquel il est attaché par des liens très différents de ceux qui soumettent le corps aux lois de la nature. Ces liens qui unissent le moi aux êtres spirituels ne sont influencés, dans leur essence la plus profonde, ni par la naissance, ni par la mort, ils revêtent seulement une forme particulière durant la vie physique.

Les phénomènes de la vie matérielle sont l'expression de certains rapports suprasensibles. L'homme étant par essence un être suprasensible et se révélant comme tel à l'observation clairvoyante, la mort ne saurait porter préjudice aux rapports des âmes humaines entre elles dans l'au-delà. A notre interrogation inquiète, interrogation qui revêt dans la conscience ordinaire la forme primitive suivante : « Retrouverai-je après la mort les êtres auxquels j'étais attaché durant la vie physique ? » l'investigateur spirituel véritable, qui est en droit d'énoncer un jugement expérimental sur ces matières, répond par un « oui » catégorique.

L'homme qui s'exerce à accroître sa vie intérieure selon une méthode que nous avons souvent indiquée, passera par toutes les expériences qui viennent d'être décrites et son âme aura le sentiment d'atteindre, dans les mondes supérieurs, sa propre réalité spirituelle. Cependant cette expérience peut être favorisée par le développement de certains sentiments.

Au cours de notre vie ordinaire dans le monde sensible nous éprouvons, pour ce que nous appelons notre destinée, tantôt de la sympathie, tantôt de l'antipathie. Pour qui s'observe soi-même avec impartialité, il est indéniable que ces sentiments sont de ceux qui s'éprouvent avec le plus d'intensité. Le raisonnement qui consiste à nous dire que rien de ce qui arrive n'est inutile, qu'il faut savoir supporter son destin, peut nous aider à conserver une attitude calme en face de tous les événements de notre vie, mais ce raisonnement ne suffit pas à nous donner une compréhension véritable de l'être humain. Il peut être très utile à la vie de notre âme, mais nous remarquerons souvent que les sympathies et les antipathies ainsi étouffées, n'ont disparu que pour notre conscience immédiate ; elles ont été refoulées au tréfonds de notre être, mais elles se manifesteront plus tard soit par un certain état d'âme, soit par de la fatigue, ou par quelqu'autre sensation corporelle analogue. Pour atteindre à une véritable égalité d'âme en face du destin, il faut avoir recours à la méthode qui nous a permis de fortifier notre vie intérieure. Cette méthode consiste à nous livrer, d'une façon régulière et énergique, à certaines pensées ou à certains sentiments. Le raisonnement n'aboutit qu'à des conclusions d'ordre intellectuel et il est insuffisant pour nous donner l'égalité d'âme que nous cherchons ; il faut que nous infusions à nos pensées une vie intense et que nous nous consacrions à elles d'une façon complète durant certains moments de concentration, où nous écartons toutes les impressions des sens et tous les souvenirs de la vie. Cet exercice développe en nous un état d'âme particulier à l'égard de notre destinée ; il nous permet de nous délivrer radicalement de toute sympathie et antipathie à son égard ; et nous amène à considérer tout ce qui nous arrive avec une parfaite objectivité, comme si nous observions une cascade qui tombe du haut d'un rocher et qui rejaillit en s'abattant.

Il ne s'agit pas, cependant, d'être insensible à notre destinée. Devenir indifférent à tout ce qui nous arrive personnellement, ce n'est assurément pas être sur la bonne voie Devons-nous être insensibles au monde extérieur et aux choses qui ne nous touchent pas directement ? Devons-nous ne ressentir ni joie ni peine de ce qui se passe autour de nous ? Celui qui veut acquérir la connaissance suprasensible ne doit pas chercher à devenir indifférent à la vie, mais il doit transformer l'intérêt particulier que son « moi » porte à sa propre destinée. Il est fort possible que, loin d'affaiblir sa sensibilité, cette transformation l'accroisse, au contraire. Combien souvent, au cours de la vie ordinaire, l'âme pleure sur son destin ! Elle peut adopter une autre attitude et éprouver pour sa propre infortune le même sentiment — et celui-ci peut être vif — que lui inspirerait celle d'autrui.

Il est plus facile d'adopter ce point de vue à l'égard des

événements de la destinée qu'à l'égard des facultés dont on est doué.

Il n'est pas facile, en effet, de se réjouir autant du talent qu'un autre possède que du fait de le posséder soi-même. Quand, par l'exercice de la connaissance de soi, on s'efforce de pénétrer jusqu'aux profondeurs les plus cachées de son âme, on y découvre bien des joies égoïstes à l'idée des capacités qu'on se reconnaît. Une communion intense, fréquente (méditative) avec la pensée qu'il est indifférent à bien des égards au progrès de la vie humaine que ce soit un être ou un autre qui possède certaines facultés, peut nous faire faire de grands progrès dans l'acquisition du calme véritable que nous devons conserver en face de la destinée la plus intime de notre être. Mais ce renforcement de la vie de l'âme, au moyen de pouvoir de la pensée, ne doit jamais nous conduire à émousser simplement la juste appréciation de nos facultés, il ne doit que la purifier et que nous inciter à agir en conformité avec les facultés dont nous sommes doués.

Et ceci nous indique déjà dans quel sens doit se développer le renforcement de la vie de l'âme par l'exercice du pouvoir de la pensée. Grâce à cet exercice, nous devons apprendre à connaître ce qui nous apparaît comme un second être au dedans de nous-mêmes. Cet être se révélera surtout à nous si nous rattachons à la méditation ci-dessus quelques réflexions qui nous montrent comment nous provoquons nous-mêmes certains événements de notre destinée. Notre destinée d'aujourd'hui n'est-elle pas souvent le résultat de nos actes d'hier, et certains événements se seraient-ils produits si nous n'avions pas agi d'une façon déterminée ? Or, dans le but d'étendre notre expérience intérieure, nous pouvons nous livrer à un examen rétrospectif de notre vie et rechercher tous les faits qui démontrent de quelle manière nous avons nous-mêmes préparé les événements que le destin nous a apportés plus tard. Nous pouvons essayer de remonter le cours de notre existence jusqu'à l'âge où s'éveille dans l'enfant la conscience qui permet plus tard à l'homme de se souvenir de sa vie. Si nous joignons à cet examen rétrospectif de notre vie une attitude dépourvue de toute sympathie et de toute antipathie égoïstes, nous nous dirons en atteignant cette époque de notre enfance : « Sans doute n'est-ce qu'à partir de ce moment-là qu'il m'a été possible de me connaître moi-même et de travailler consciemment à ma vie intérieure. Mon « moi », cependant, existait auparavant. Je n'avais pas conscience du travail qu'il accomplissait en moi, pourtant il a pu développer dans mon être la faculté de « connaître que je possède aujourd'hui et faire de moi ce que je suis devenu ». Aucun raisonnement ne peut nous donner cette objectivité, mais l'attitude spéciale que nous venons de décrire à l'égard de notre propre destinée nous la procure. Nous apprenons à envisager les événements avec calme, nous les voyons venir avec détachement et nous savons que nous les avons nous-mêmes provoqués.

Lorsque nous nous sommes rendus maître de cette attitude les conditions de vie dans lesquelles nous naissons nous apparaissent liées à notre « moi » lui-même : « De même, nous disons-nous, que j'ai travaillé à mon être durant le temps qui a suivi l'éveil de ma conscience actuelle, j'y ai travaillé aussi avant qu'elle ne naquît. »

En nous frayant ainsi une voie vers le moi supérieur que recèle le moi ordinaire nous reconnaissons qu'outre la raison qui nous oblige à reconnaître théoriquement son existence, nous sommes amenés à éprouver réellement en nous-mêmes son activité vivante et sa puissance, et à considérer le moi ordinaire comme sa créature. Sentir cette activité du moi, c'est commencer à percevoir l'entité spirituelle de l'âme. Si ce sentiment ne nous entraîne pas à d'autres progrès dans la connaissance spirituelle, c'est que nous l'aurons négligé au début. Il peut rester longtemps à l'état de sensation obscure, à peine perceptible, mais si nous poursuivons activement, énergiquement le travail qui fait naître en nous ce sentiment, nous finirons par percevoir la nature spirituelle de l'âme. Il est facile de comprendre que ceux qui n'ont aucune expérience dans ce domaine croient que le clairvoyant s'entraîne à imaginer un moi supérieur par simple auto-suggestion. Mais le clairvoyant sait que cette objection ne peut provenir que d'un manque d'expérience. Car s'il a accompli sérieusement tout le travail que nous avons décrit, il a acquis aussi la faculté de discerner l'imaginaire du réel. Les épreuves et le travail intérieur qu'implique le pèlerinage de l'âme développent, lorsqu'ils sont consciencieusement poursuivis, une prudence extrême à l'égard de l'imagination.

L'homme qui travaille dans le but déterminé de connaître son être spirituel, son « moi » supérieur, donne une importance essentielle à l'expérience qui a été décrite au début de cette méditation, et considère celle que nous avons indiquée ensuite comme une épreuve auxiliaire du pèlerinage de l'âme.

SEPTIÈME MÉDITATION

LE MÉDITANT ESSAYE DE SE REPRÉSENTER LA NATURE DES EXPÉRIENCES QUI SONT FAITES DANS LES MONDES SUPÉRIEURS.

Les expériences que doit faire l'âme désireuse de pénétrer dans les mondes suprasensibles sont susceptibles de rebuter bien des personnes. Celles-ci pourront se demander quelles conséquences il y aurait pour elles à s'aventurer au milieu de tels phénomènes, et comment elles les supporteraient ?

Sous l'influence de ce sentiment, elles se diront, sans doute, qu'il vaut mieux pour elles de ne pas intervenir, par des moyens artificiels, dans le développement de leur âme, et elles préfèreront s'abandonner avec confiance à une direction dont elles n'ont pas conscience, mais qui les conduira cependant vers un but déterminé.

Cependant, cette opinion ne saurait subsister chez celui qui se pénètre d'une autre idée et c'est qu'il est dans la nature de l'être humain de se développer par ses propres forces, et qu'il serait coupable de laisser se flétrir ces forces qui attendent dans son âme leur épanouissement. Les pouvoirs nécessaires au développement personnel reposent dans toutes les âmes humaines, et pas une de ces âmes ne peut rester sourde à la voix qui réclame l'éclosion de ces pouvoirs, dès qu'il lui a été donné de l'entendre, et d'être instruite, en quelque manière, sur la nature et sur la portée des forces qu'elle possède.

Aussi, nul homme ne se laissera-t-il détourner de son ascension vers les mondes supérieurs, à moins d'avoir faussé dès le début son attitude à l'égard des expériences qu'elle implique. Les précédentes méditations ont montré en quoi consistent ces expériences. Pour les décrire avec exactitude, il n'y a pas d'autre méthode, lorsqu'on veut se servir de mots, ceux-ci étant forcément toujours empruntés à la vie ordinaire. Car les épreuves que l'on subit sur la voie de la connaissance supérieure ont pour l'âme une profonde analogie avec certains sentiments, tels que celui d'une intense solitude, ou celui de flotter au-dessus d'un abîme, ou d'autres encore. C'est dans l'épreuve de ces sentiments que s'engendrent les forces grâce auxquelles nous progressons sur la voie de la connaissance suprasensible. Ces épreuves sont les graines d'où naîtront plus tard les fruits de la connaissance. Chacune d'elles libère une force profondément cachée dans l'être et qui atteint, grâce à elle, son plus haut point de tension. « Quelque chose » fait éclater le sentiment de solitude qui enserre cette force comme une gaine, et elle apparaît dans la vie de l'âme pour y devenir un instrument de connaissance.

Il importe, cependant, de remarquer que lorsqu'on suit

la voie juste, chaque épreuve surmontée en fait immédiatement et nécessairement surgir une nouvelle. Mais, en même temps que l'épreuve, la force de la supporter est donnée pour peu que l'on se souvienne de cette force, que l'on reste calme et que l'on s'accorde le temps de reconnaître la nature de l'expérience qui s'offre à l'âme.

Si l'on éprouve une souffrance, mais que l'on ait en même temps la certitude qu'il existe des forces pour la surmonter, forces auxquelles on peut faire appel, alors on arrive à se comporter en spectateur vis-à-vis d'épreuves qui eussent été insurmontables si elles étaient intervenues dans le cours ordinaire de la vie. Voilà comment il se fait que des personnes engagées sur la voie de la connaissance suprasensible et dont la vie intérieure est en proie au flux et au reflux de toutes ces vagues de sentiments, font preuve dans la vie matérielle d'une parfaite égalité d'âme. Sans doute, il est possible que certains événements de leur vie intérieure réagissent sur leur état d'âme ordinaire en sorte que momentanément elles ne parviennent pas à s'accorder avec leur propre vie et avec elles-mêmes comme elles en avaient le pouvoir avant de pénétrer dans la voie de la connaissance. Mais elles trouveront dans les facultés intérieures précédemment acquises par leur âme la force nécessaire au rétablissement de l'équilibre. Il ne peut exister, sur la voie de la connaissance régulière, aucune circonstance où cet équilibre ne puisse être trouvé.

La voie la meilleure sera toujours celle qui conduit au

monde suprasensible par le renforcement ou la concentration de la vie de l'âme que l'on obtient par le recueillement intérieur et par le développement du pouvoir de la pensée et du sentiment.

Mais la manière de penser et de sentir propre au monde sensible, et qui permet de s'orienter dans ce monde, ne convient pas au monde suprasensible. Pour atteindre celui-ci, il faut vivre intensément *avec* et *dans* une pensée ou un sentiment, en concentrant sur cette pensée ou sur ce sentiment toutes les forces de l'âme. Durant tout le temps que dure la méditation, la pensée ou le sentiment élus doivent seuls occuper la conscience.

Méditons, par exemple, une pensée qui nous a apporté une certaine conviction ; sans nous préoccuper pour le moment de la valeur logique qu'elle peut avoir, revivons-la incessamment, de façon à nous fondre complètement avec elle. Il n'est nullement nécessaire que cette pensée ait trait aux choses du monde supérieur, bien que ces dernières se prêtent mieux à ce genre de méditation. L'objet de notre méditation peut être emprunté à une expérience ordinaire. Fécondes sont, par exemple, les résolutions que nous formons pour l'accomplissement d'actes d'amour et qui nous enflamment de sentiments humanitaires profondément sincères. Mais s'il s'agit principalement de l'acquisition de certaines connaissances, alors sont seules efficaces des représentations symboliques que nous empruntons à la vie, à la littérature occulte, ou auxquelles nous nous adonnons sur le conseil de personnes compétentes en ces matières, ayant éprouvé elles-mêmes l'efficacité des moyens qu'elles nous offrent.

Cette méditation, qui doit devenir pour nous une habitude et même une condition vitale, au même titre que la respiration indispensable à la vie du corps, nous permet de concentrer les forces de notre âme et de les accroître de ce fait. Mais nous devons arriver à ce que, durant le temps que nous consacrons à la méditation, aucune impression physique, aucun souvenir même de ces impressions ne pénètre dans la vie de l'âme. Tous les souvenirs ayant trait à des événements de l'existence ordinaire, toute joie et toute peine doivent également faire silence, afin que notre âme ne soit occupée que du *seul objet que nous lui avons imposé nous-même.*

Le juste développement des forces de la connaissance suprasensible doit dépendre *uniquement* de la méditation, méditation dont on détermine soi-même l'objet et la forme par l'exercice de son pouvoir personnel. La source de la méditation n'est pas l'essentiel, l'essentiel est de l'avoir imposée par sa propre volonté à sa vie intérieure et de ne pas s'être laissé déterminer par des impulsions qui n'émanent que de l'âme elle-même et la portent à choisir l'objet de sa méditation. Cet objet n'aurait que peu de force, parce que l'âme se sentirait de prime abord en affinité avec lui et n'aurait, en conséquence, aucun effort à faire. Or, c'est *dans l'effort* que réside l'élément efficace au développement des pouvoirs suprasensibles de la connaissance et non point dans l'état d'union avec l'objet de la méditation.

D'autres moyens peuvent conduire à la vision suprasensible. Certaines personnes, douées d'une disposition naturelle à la méditation, peuvent atteindre d'elles-mêmes à un état de ferveur intérieure qui libère dans leur âme certains pouvoirs de connaissance suprasensible,

Ces états se manifestent souvent d'une manière soudaine chez des personnes qui semblaient ne pas y être destinées.

La vie supraphysique peut se manifester sous les formes les plus diverses. Mais on n'arrive à être maître de son expérience, comme on est maître de soi dans la vie ordinaire, qu'en suivant la voie de connaissance que nous avons décrite ici. Toute autre intervention du monde spirituel dans la vie de l'âme s'impose comme par violence et égare l'être, ou l'expose à toutes sortes d'illusions concernant la valeur et la signification réelles de ses expériences par rapport au monde suprasensible véritable.

Rendons-nous bien compte que l'âme se transforme sur la voie de la connaissance supérieure. Elle peut n'avoir, dans la vie ordinaire, aucune tendance à succomber aux illusions et devenir, cependant, leur proie aussitôt qu'elle aborde le monde suprasensible. Il se peut, également, qu'elle soit douée à l'ordinaire d'un sens exact des réalités et qu'elle s'interdise de juger des choses ou des événements d'après ses penchants personnels. Malgré cela, il peut arriver qu'elle ne voie dans le monde suprasensible que ce que lui suggère sa personnalité. N'oublions pas la part que celle-ci prend à nos perceptions. Nous voyons les objets qui l'attirent. Nous ignorons que c'est elle qui dirige notre regard spirituel, et, tout naturellement, nous prenons notre vision pour la réalité. Il n'existe qu'un seul moyen de nous protéger contre ce danger : c'est de nous entraîner par une volonté soutenue de soi-connaissance à un examen de plus en plus consciencieux de nous mêmes. Nous nous rendons exactement compte alors de la mesure dans laquelle notre âme est personnelle et du sens dans lequel se manifeste sa personnalité.

Si, durant notre méditation, nous concentrons notre attention avec énergie et sans ménagements sur les points où notre âme risque de succomber à ses penchants personnels, nous arrivons peu à peu à l'en délivrer.

Pour avoir une réelle liberté de mouvements dans les mondes supérieurs, il faut que l'âme ait reconnu combien plus grande est dans le monde spirituel la portée de certaines qualités de l'être et, en particulier, des qualités morales. Dans la vie physique on distingue les lois naturelles et les lois morales. Ces dernières ne sauraient expliquer le cours des phénomènes naturels. Une plante venimeuse s'explique par des lois naturelles et n'encourt aucune condamnation morale. C'est tout au plus si l'on peut parler d'un rudiment de morale dans le monde animal, bien qu'à vrai dire cette sorte d'appréciation nuise plutôt à l'exactitude de l'observation dans ce domaine. En ce qui concerne l'évaluation de la vie, le jugement moral ne commence à avoir un sens que lorsqu'il s'applique aux rapports des hommes entre eux. L'homme qui parvient à estimer objectivement sa propre personnalité fera toujours dépendre sa valeur du point de vue moral. Mais jamais un observateur consciencieux de la vie dans le monde physique ne rapprochera les lois naturelles des lois morales.

Dès que l'on aborde les mondes supérieurs, le point de vue change. Plus ces mondes sont spirituels et plus les lois morales se confondent avec ce que l'on peut appeler les lois naturelles de ces mondes. Dans la vie ordinaire, on a conscience de s'exprimer improprement lorsqu'on dit d'une mauvaise action qu'elle brûle. On n'ignore pas qu'une brûlure réelle ne ressemblerait pas à la sensation que l'on cherche à rendre. Cette distinction n'existe pas pour les mondes suprasensibles. Là, la haine et la jalousie sont en même temps des forces dont les effets peuvent être appelés les phénomènes naturels de ces mondes. L'être haï ou jalousé exerce une action en quelque sorte dévorante ou annihilante sur celui qui le hait ou le jalouse ; il en résulte certains processus destructifs qui atteignent l'être spirituel... L'amour produit dans les mondes spirituels comme un rayonnement de chaleur fécondante et bienfaisante.

Ces effets peuvent être observés même dans le corps

élémentaire de l'homme. Au sein du monde sensible la main qui accomplit un acte immoral obéit exactement aux mêmes lois naturelles que la main qui se livre à une action morale. Par contre, certaines parties de l'être humain élémentaire ne se développent pas en l'absence de certaines qualités morales. Et le développement imparfait des organes élémentaires est imputable à certaines propriétés morales de l'être, exactement comme les phénomènes naturels du monde sensible s'expliquent par des lois naturelles. Mais il faut bien se garder de conclure de la malformation d'un organe physique à celle de sa contre-partie élémentaire. Il ne faut jamais oublier que les lois diffèrent absolument d'un monde à l'autre. Telle personne peut posséder un organe physique défectueux et l'organe élémentaire correspondant peut être non seulement normal, mais parfait dans la mesure même où l'organe physique est imparfait.

La différence qui existe entre les mondes suprasensibles et le monde physique se marque d'une façon toute particulière partout où interviennent les notions de beauté et de laideur. L'usage qu'on fait habituellement de ces termes perd toute signification dès qu'on aborde les mondes supérieurs. Là on ne peut appeler « beau », si on se souvient du sens de ce mot dans le monde matériel, qu'un être qui parvient à révéler aux autres êtres de son monde tout ce qu'il *éprouve lui-même*, de manière à ce que les autres puissent le sentir. La faculté de se manifester tout entier avec tout ce qu'on porte en soi et sans rien dissimuler, peut être appelée la « beauté » dans les mondes supérieurs. L'idée de beauté s'y confond absolument avec celle de sincérité absolue, d'expression totale de l'être intérieur. Et l'on peut appeler « laid » l'être qui refuse de révéler son âme dans son aspect extérieur, qui renferme en soi sa vie réelle et dissimule certaines qualités. Cet être se soustrait à son entourage spirituel. La notion de « laideur » recouvre ainsi celle de fausseté dans l'expression de soi. Dans le monde spirituel, mentir et être laid sont synonymes, en sorte qu'un être laid est un être menteur.

De même, ce que nous appelons les appétits, les désirs dans le monde des sens, ont une signification toute différente dans le monde spirituel. Les désirs ne naissent pas dans l'âme. Les passions s'allument au contact des objets extérieurs. Un être qui se sent dépouvu d'une certaine qualité que sa nature semblerait impliquer a la vision d'un autre être qui possède cette qualité. Qu'il le veuille ou non, cet être est toujours devant lui. De même, que dans le monde sensible l'œil perçoit naturellement tout le visible, de même dans le monde suprasensible l'absence d'une qualité chez un être entraîne constamment celui-ci dans le voisinage de l'être qui la possède, et cette vision lui devient un continuel reproche. Une force réelle en résulte qui s'exerce sur l'être et qui éveille en lui le désir d'acquérir cette qualité qui lui manque. Ce désir n'a rien de commun avec ceux que nous éprouvons dans le monde physique.

Ces phénomènes ne nuisent en rien à notre libre arbitre dans le monde spirituel. Nous pouvons nous protéger contre l'être modèle qui attire notre regard. Nous nous éloignons alors peu à peu de lui. Cependant, en nous en détournant, nous nous exilons nous-mêmes dans des régions où les conditions de vie sont plus pénibles que dans le monde auquel nous étions destinés.

Toutes ces choses démontrent que les représentations de l'âme humaine doivent changer lorsqu'elle pénètre dans le domaine spirituel. On ne peut décrire avec exactitude le monde supérieur qu'en transformant, en élargissant, en fondant certaines conceptions. C'est pourquoi, lorsqu'on emploie sans les modifier certains concepts créés pour l'existence physique, on n'atteint qu'à des descriptions inexactes. Il est à noter que, guidés par notre intuition, nous employons parfois, dans un sens plus ou moins symbolique, ou même dans leur sens propre, des expressions qui ne trouvent leur pleine valeur que dans les mondes suprasensibles. Certaines personnes sentent réellement la laideur du mensonge. Cependant, comparées à la réalité qui leur correspond dans le monde spirituel, ces expressions ne représentent malgré tout qu'un écho. Cet écho est dû au fait que tous les mondes sont liés entre eux, et que leurs rapports sont obscurément sentis, inconsciemment conçus par l'homme au milieu de son existence matérielle. Rappelons-nous que mensonge n'implique nullement laideur dans le monde matériel, bien qu'il puisse nous en donner la sensation et que ce serait confondre deux notions que de vouloir interpréter la laideur par le mensonge. Au contraire, lorsqu'il s'agit des régions suprasensibles, on est en droit de le faire et le mensonge, quand on dévoile la réalité qu'il dissimule, s'impose par la laideur de son expression.

Ici encore il faut se garder de certaines erreurs : nous pouvons rencontrer dans le monde spirituel tel être qui mérite d'être appelé mauvais et qui se manifeste sous un aspect que nous qualifierons de beau si nous lui appliquons la notion de beauté qui est propre à l'existence sensible. Dans ce cas, nous n'aurons la vision exacte de l'être en question que lorsque nous découvrirons le fond de sa nature. Alors nous reconnaîtrons que la « beauté » de l'apparence n'était qu'un masque qui ne correspondait pas à l'être véritable, et ce que nous étions disposés à appeler « beau » selon les conceptions de la vie physique, nous le qualifierons de « laid » avec d'autant plus de conviction. Or, dès l'instant où nous atteindrons ce point de vue, l'être « mauvais » perdra pour nous tout pouvoir de simuler la « beauté ». Nous l'obligerons à nous dévoiler son apparence véritable qui ne peut être qu'une expression imparfaite de son âme.

Ces phénomènes démontrent clairement quelle transformation doivent subir les notions humaines lorsqu'on aborde les mondes suprasensibles.

HUITIÈME MÉDITATION

LE MÉDITANT ESSAYE DE SE FORMER UNE REPRÉSENTATION DE LA SUCCESSION DES VIES TERRESTRES.

Quand le pèlerinage de l'âme dans les mondes spirituels est soumis à certaines règles, il ne peut guère être question de dangers. Le but que se propose l'homme en poursuivant ce pèlerinage ne serait pas atteint, s'il y avait dans les instructions spirituelles qui l'accompagnent quoi que ce soit qui puisse être nuisible. Son objet constant est bien plutôt de fortifier l'âme, d'en concentrer les forces, afin de lui permettre de supporter les épreuves qu'elle doit traverser avant d'arriver à voir et à comprendre d'autres mondes que celui des sens physiques.

Les mondes supérieurs se distinguent essentiellement du monde physique en ce qui concerne les rapports qu'y présentent entre elles les facultés de voir, de sentir et de comprendre. Quand on nous parle d'un objet du monde des sens, d'un paysage ou d'un tableau, par exemple, nous avons le sentiment très justifié que nous ne le comprendrons réellement que lorsque nous l'aurons vu.

On peut, par contre, arriver à comprendre parfaitement

les mondes suprasensibles, à sentir tout ce qu'ils contiennent de forces fécondes et vivifiantes, en écoutant les descriptions qu'en donnent ceux qui les voient, pour peu que ces descriptions soient exactes et qu'on les accueille dans un esprit de parfaite impartialité. Seuls les clairvoyants peuvent avoir de ces mondes une vision directe, et c'est toujours d'eux que doit émaner, en dernière analyse, toute description. Mais les connaissances relatives à ces mondes — connaissances qui sont nécessaires à la vie de l'âme — peuvent s'acquérir par l'intelligence. Il est tout à fait possible d'arriver, sans les observer directement soi-même, à comprendre parfaitement ces mondes dans tout ce qu'ils ont d'essentiel. Toute âme doit, dans certaines conditions, désirer le faire.

Voilà également pourquoi nous pouvons trouver dans les connaissances que nous acquérons concernant les mondes spirituels, un objet de méditation. Puisé à cette source il, sera supérieur à tout autre objet, et nous conduira plus sûrement au but que nous poursuivons.

Il ne faut pas craindre que le fait d'avoir compris ces mondes avant de les contempler nuise ensuite à l'acquisition de la perception supérieure. Au contraire, on atteint beaucoup plus sûrement et plus rapidement à la clairvoyance lorsqu'on la fait précéder par l'intelligence. On se contentera de comprendre, on aspirera à percevoir selon que se sera déjà fait jour en soi le désir de l'observation personnelle, ou qu'il sommeillera encore. L'homme en qui ce désir s'est éveillé ne pourra pas faire autrement que de chercher l'occasion d'entreprendre lui-même le pèlerinage des mondes spirituels. Quant à l'intelligence de ces mondes, un nombre d'êtres sans cesse croissant la désireront. L'observation exacte des temps présents démontre, en effet, que les âmes entrent aujourd'hui dans des conditions de vie telles que, sans la compréhension des mondes suprasensibles, elles ne peuvent *plus* s'accommoder à la vie.

Quant l'homme a atteint le point de son pèlerinage où tout ce qu'il appelait son « moi », son être, dans l'existence physique, lui devient pareil à un souvenir qu'il porterait en son esprit, et où il se sent vivre lui-même dans un « moi » supérieur désormais conquis, alors il acquiert également la faculté de remonter le cours de sa vie au delà des bornes que lui assigne l'existence terrestre. Son regard spirituel découvre une autre vie qui précéda au sein du monde spirituel celle qu'il vit en ce moment sur la terre et dans laquelle il doit chercher les causes déterminantes de cette dernière. Ses instincts, ses facultés se sont élaborés dans le monde purement spirituel où il vivait avant que ne lui fut octroyé le corps physique grâce auquel il a pénétré dans le monde des sens. L'être spirituel qu'il était lui-même désirait devenir la créature douée de sens, de facultés mentales, de caractères psychiques qui s'est développée depuis sa naissance.

Ne dites pas : « Comment ai-je pu désirer, dans le monde spirituel, des facultés et des instincts qui, à présent, ne me plaisent nullement ? » Ce qui plaît à l'âme dans son état physique n'importe point. Dans le monde spirituel ses aspirations sont déterminées par des points de vue très différents de ceux qu'elle pourra avoir plus tard, dans le monde des sens. D'un monde à l'autre, la connaissance et la volonté changent radicalement de nature. Durant son existence spirituelle, l'âme reconnaît que son évolution générale exige une vie physique qui pourra plus tard lui paraître déplaisante ou pénible ; c'est elle, cependant qui l'a voulue.

Car, dans le monde spirituel, elle ne se préoccupe pas de ce qui lui est agréable ou sympathique, elle ne considère que ce qui est utile à l'épanouissement de son être.

Il en est de même de la destinée : le méditant l'examine et reconnaît qu'il l'a préparée lui-même durant la vie spirituelle, avec tout ce qu'elle comporte de joies et de peines. Lui-même il a élaboré les causes qui ont déterminé le bonheur ou le malheur de sa vie terrestre. Ici encore l'homme qui ne se connaît que dans le monde des sens pourra ne pas comprendre qu'il ait provoqué lui-même certaines conditions. Dans le monde spirituel, il était doué de ce que l'on pourrait appeler une intelligence suprasensible qui lui a commandé de supporter telle destinée pénible ou douloureuse, parce qu'elle pouvait seule le faire progresser dans son évolution. Le jugement ordinaire de la vie terrestre est incapable d'estimer dans quelle mesure une existence fait avancer l'être sur la voie de l'évolution humaine.

De la connaissance de l'état spirituel précédant la vie terrestre découle la vue des raisons qui, dans cet état spirituel, ont fait rechercher un certain caractère et un certain destin pour l'existence sensible. Ces raisons nous conduisent à la vue d'une existence antérieure vécue dans le passé. Celle-ci a comporté une destinée, des expériences, elle a développé en nous certaines qualités. Durant l'état spirituel qui lui a succédé, nous avons aspiré à parfaire nos expériences restées incomplètes, à développer nos facultés demeurées imparfaites. L'injustice que nous avons commise à l'égard d'un autre être nous est apparue comme un trouble apporté par nous dans l'ordre du monde et nous avons éprouvé la nécessité de retrouver dans une vie terrestre future l'être lésé, afin de réparer, par les rapports que nous établirions avec lui, le mal que nous lui avons fait.

A mesure que se poursuit le développement de l'âme, son regard embrasse un nombre croissant de vies antérieures. Elle acquiert ainsi une connaissance expérimentale du cours réel de la vie du « moi » supérieur. Cette vie se poursuit à travers des existences terrestres successives, séparées par des périodes purement spirituelles, qui ont un rapport déterminé avec les incarnations terrestres.

La succession des vies terrestres devient ainsi un fait réel d'observation. (Dans le seul but de prévenir certains malentendus qui se reproduisent sans cesse, rappelons un fait que l'on trouve plus exactement exposé dans mes autres ouvrages : la vie de l'être humain ne se résume pas en une succession éternelle d'existences terrestres. Celles-ci se répètent un certain nombre de fois, mais elles sont précédées et suivies par d'autres formes de vie très différentes de celles-ci. Cet ensemble représente une évolution empreinte de la plus grande sagesse.)

Le fait que l'homme évolue à travers des existences successives peut être reconnu par la raison qui s'applique à l'observation de la vie physique. Dans mes livres, *Théosophie* et *La Science occulte* et dans plusieurs opuscules, j'ai essayé de donner des preuves de la succession des vies de l'homme et des rapports qu'elles ont entre elles, en me conformant aux méthodes scientifiques de la doctrine évolutionniste moderne. J'ai voulu montrer dans ces ouvrages comment une pensée vraiment logique, allant jusqu'au bout de l'investigation scientifique, arrive nécessairement à transformer, en ce qui concerne l'homme, l'idée évolutionniste qu'ont développée les temps modernes, et à considérer son entité véritable, son individualité psychique comme une chose qui évolue à travers des vies physiques répétées celles-ci alternant avec des périodes de pure spiritualité. Les preuves que j'ai données de cette vérité dans mes ouvrages sont évidemment susceptibles d'être grandement développées et perfectionnées. Mais je crois pouvoir prétendre qu'elles possèdent, au point de vue de la connaissance, et dans leur domaine, exactement la même valeur que ce que l'on appelle ailleurs les preuves scientifiques. Tout, dans la science de l'esprit, peut s'étayer sur de semblables preuves. Sans doute celles-ci sont-elles plus difficilement acceptées que celles des sciences naturelles. Elles n'en sont pas moins rigoureuses. Seulement elles n'ont pas à leur base le fait matériel qui fait accepter sans difficulté les preuves des sciences naturelles. Mais cette différence ne modifie en rien leur valeur. Et quiconque est en mesure de comparer impartialement les preuves que donnent les sciences naturelles et celles de même nature qu'offre la science spirituelle, pourra se convaincre qu'elles ont la même portée. Aux descriptions que l'observateur du monde spirituel donne de la succession des vies terrestres viennent donc s'ajouter ces preuves et, à l'aide de ces deux facteurs, on peut, par la simple reflexion, acquérir dans ce domaine une certitude.

Ici, nous avons essayé d'indiquer la voie qu'il faut suivre pour atteindre, par delà la compréhension, à la vision spirituelle de la succession des vies terrestres.

APPENDICE A L'ÉDITION DE 1918

Il résulte des principes exposés dans la deuxième de ces méditations, encore davantage dans les méditations suivantes, que la méthode intérieure dont il est traité dans cet écrit exclut absolument et résolument toute « clairvoyance » reposant sur des phénomènes morbides ou anormaux de l'organisme physique. Visionnaires et médiums n'ont rien à faire avec cette méthode intérieure.

Les états d'âme auxquels on donne le nom de clairvoyance instinctive sont issus d'une constitution intérieure de l'homme au regard de laquelle la perception sensible et l'entendement appuyés sur elle représentent un domaine très supérieur. Par cette perception et cet entendement on vit davantage dans le monde suprasensible et l'on dépend moins du corps que dans les états où un dérangement de l'organisme fait miroiter devant l'âme certaines impressions dérivées de phénomènes qui devraient être utiles au corps, mais ont été pathologiquement détournés de leur vraie nature. Ils ont ainsi conduit à des représentations qui n'ont leur base ni dans une perception extérieure, ni dans une activité propre du vouloir.

Parmi les activités de l'âme, présentes à la conscience normale il n'y a que la pensée qui puisse se libérer de la perception et conduire à une activité indépendante exempte de tout désordre organique. Ce n'est pas dans les bas états de l'âme ; ce n'est pas dans les tréfonds de l'organisme que réside ce que nous appelons ici la clairvoyance mais, au contraire, c'est dans les domaines élevés qui s'ouvrent devant la pensée, intérieurement illuminée par l'âme et dominée par la volonté individuelle. C'est de cette pensée, maîtresse de soi-même que l'âme fait jaillir ce que nous appelons « clairvoyance ». La pensée sert de modèle à la perception clairvoyante. Ce qui est décrit dans les méditations sous la forme de clairvoyance se distingue radicalement de la simple pensée. C'est une activité qui conduit l'homme à des expériences d'un caractère cosmique où la simple pensée ne saurait accéder, mais la vie que l'âme développe dans cette clairvoyance n'est point autre que celle qui lui appartient dans la pensée. Avec la même claire-conscience que l'âme vit dans les pensées, elle doit vivre aussi dans ces contemplations et ces illuminations.

Les relations de l'âme avec ces contemplations sont, à vrai dire, tout autres que quand elle a affaire aux simples pensées. Bien que les rapports dans l'âme entre une contemplation clairvoyante et la réalité correspondante ressemblent aux rapports d'un souvenir ordinaire avec l'expérience évoquée, cependant il y a dans la contemplation ce caractère essentiel que, pendant qu'elle est active, la force du souvenir cesse de s'exercer dans l'âme.

Lorsque l'on a formé dans l'âme une simple *représentation* on est toujours maître de la rappeler, même si elle était purement imaginaire ; au contraire, ce que l'on a perçu par la clairvoyance s'efface de la conscience à la minute même où cesse la perception clairvoyante, à moins qu'à la force de percevoir s'ajoute, par le développement intérieur, la faculté de reproduire dans l'âme et à volonté les conditions nécessaires à la perception clairvoyante. On peut se souvenir de ces conditions et, par là, renouveler la perception, mais on ne peut pas se souvenir immédiatement de la perception même. Quiconque est arrivé à une intuition nécessaire à ces choses trouve dans cette intuition un moyen d'éprouver la réalité des phénomènes qui correspond à la perception clairvoyante. De même qu'on se souvient d'une sensation ou d'une expérience mais que, par le souvenir, on ne ressuscite pas le contenu de la sensation ou de l'expérience en question, de même ce qui demeure de la contemplation clairvoyante dans le souvenir n'est pas l'objet de la contemplation elle-même. On peut aussi reconnaître que, pas plus que la perception sensible, la contemplation n'est une simple illusion. Il y a une réalité qui lui sert de base et les esprits qui sont insuffisamment familiers avec les lois de la clairvoyance et qui jugent extérieurement d'après leurs préjugés tombent, à cet égard, dans une erreur : ils croient que les phénomènes qui se produisent dans la conscience clairvoyante peuvent reposer sur un jeu de l'imagination, ou sur un tissu de représentations émanées des profondeurs de l'âme comme d'obscurs souvenirs. Ceux qui portent ces jugements ne savent pas que la conscience vraiment clairvoyante ne s'applique qu'à des états d'âme qui jamais ne peuvent sourdre des profondeurs de l'organisme, et dont le caractère est d'être soustraits à l'action de la mémoire.

Une autre particularité de la clairvoyance est qu'elle se distingue de la vie intérieure normale par des caractéristiques importantes. Dans la conscience ordinaire, l'exercice et l'accoutumance jouent un grand rôle. Quiconque répète fréquemment une activité intérieure acquiert par là la possibilité de s'en acquitter plus parfaitement. Où serait le progrès dans la vie et dans l'art ? Comment l'instruction serait-elle possible si cette habileté ne pouvait pas s'acquérir par l'exercice ? Il n'y a rien de semblable dans l'assimilation des connaissances dues à la clairvoyance. Celui qui fait une expérience dans les mondes supérieurs ne devient pas par là plus habile pour la faire une deuxième fois. Au contraire, du fait qu'il l'a réalisée une fois, elle s'éloigne de lui, elle cherche en quelque sorte à le fuir, et il lui faut recourir à un travail de l'âme qui lui permette de disposer d'une force plus puissante pour la seconde expérience que pour la première. Il y a dans cette loi une source d'amères déceptions pour les débutants. Par des exercices effectués dans le sens de cet écrit on arrive, avec une facilité relative, aux expériences suprasensibles. On se réjouit alors du progrès accompli, mais l'on remarque rapidement que les expériences ne se reproduisent pas. On se sent l'âme vide, vis à vis du suprasensible. Il importe que l'on se pénètre de la vérité suivante : les mêmes efforts qui ont produit une première fois un résultat ne suffisent pas une seconde fois, il en faut de plus énergiques, souvent de tout différents.

Il faut se pénétrer de l'idée que les lois du monde supérieur sont, dans bien des cas, différentes des lois physiques, voire même complètement contraires ; mais il ne faut cependant pas en conclure que l'on acquiert la connaissance supérieure uniquement en faisant tout le contraire de ce que l'on fait pour acquérir la connaissance sensible, il faut étudier chaque cas individuellement pour savoir comment vont les choses.

Un troisième caractère de l'expérience suprasensible est que les visions ne s'éclairent devant la conscience que pendant un espace de temps à peine appréciable. On peut dire qu'au moment où elles surgissent elles sont déjà parties. Par suite il faut une présence d'esprit et une attention extrêmement rapides pour les remarquer. En l'absence de ces qualités on a beau avoir des visions, on n'en tire aucune science. Telle est la raison pour laquelle l'existence du monde suprasensible est niée par la majorité des hommes. L'expérience suprasensible est, en réalité, beaucoup plus répandue qu'on ne le croit à l'ordinaire. Les rapports de l'homme avec le monde spitituel sont un phénomène général; mais la faculté de transformer ces rapports en connaissance par la promptitude de l'attention est une faculté difficile à acquérir. On peut s'y préparer dans la vie quotidienne en s'accoutumant à passer rapidement à l'action après un examen rapide d'une situation. Celui qui, au contraire, dans les circonstances de la vie change constamment de résolution et perd son temps à se dire : « dois-je ou ne dois-je pas ? » se prépare aussi mal que possible à l'observation du monde spirituel. La présence d'esprit, quand elle est développée dans la vie, se transporte dans les activités clairvoyantes où elle est de première nécessité.

Si les facultés nécessaires à la clairvoyance existaient dans l'homme normalement il serait incapable d'accomplir sa tâche terrestre. Il ne peut s'élever à la clairvoyance, sans se nuire, que s'il développe les qualités appropriées en partant d'une vie entièrement saine dans la réalité sensible. Celui qui croit se rapprocher des mondes supérieurs en s'éloignant de la vie normale, par des originalités saugrenues est dans la plus complète erreur. La clairvoyance est, par rapport aux activités saines de la conscience ordinaire, dans les mêmes relations que cette conscience à l'égard des états du sommeil qui se manifestent par les rêves. Et de même qu'un sommeil malsain détériore et étouffe la conscience normale, de même aucune clairvoyance saine ne saurait se fonder sur une attitude intérieure ennemie de la vie pratique. Plus l'homme est assuré dans l'existence physique, mieux il s'acquitte de ses devoirs intellectuels, sentimentaux, moraux et sociaux et plus aisément aussi les facultés de la clairvoyance se développeront en lui.

C'est de cette clairvoyance saine que traitent les méditations qui précèdent. Tous les phénomènes visionnaires, imaginaires et morbides sont exclus du chemin que nous décrivons et qui aboutit à une véritable pénétration dans le monde supérieur.

OUVRAGES DE RUDOLF STEINER

Traduits en français

Le Mystère Chrétien et les Mystères antiques. Traduit de l'allemand et précédé d'une introduction par Edouard SCHURÉ, 4e édition, *chez Perrin et Cie*.

La Science Occulte. Traduit par Jules SAUERWEIN, 9e édition, *chez Perrin et Cie*.

Le Triple Aspect de la Question Sociale, *chez Fischbacher*.

Aux « ÉDITIONS DE L'AUBE »

Noël, Conférence faite le 13 décembre 1907.

Les Guides Spirituels de l'Homme et de l'Humanité. Résultats de recherches occultes sur l'évolution humaine. Traduit de l'allemand par Jules SAUERWEIN.

Aux ÉDITIONS ALICE SAUERWEIN

L'Education de l'Enfant, au point de vue de la science spirituelle. Traduit de l'allemand par E. L..., 2e édition.

L'Initiation ou la Connaissance des Mondes supérieurs. Traduit de l'allemand par Jules SAUERWEIN, 3e édition.

Théosophie. Traduit de l'allemand par Elsa PROZOR.

Le Seuil du Monde Spirituel. Aphorismes. Traduit de l'allemand par Oscar GROSHEINTZ.

La Culture pratique de la Pensée. Traduit de l'allemand par Jules SAUERWEIN.

La Philosophie de la Liberté. Traduit de l'allemand par Germaine CLARETIE.

Un Chemin vers la Connaissance de soi. Traduit de l'allemand par Elsa PROZOR.

« Notre père qui êtes aux Cieux »... Traduit de l'allemand.

EN PRÉPARATION

Du Sens de la Vie.

Ma Vie.

L'esprit de Gœthe à travers « Faust » et le conte du Serpent et du Lys.

Gœthe et sa Conception du Monde.

1925. — Imp. des *Presses Universitaires de France*, Paris. — 34.700.

www.ingramcontent.com/pod-product-compliance
Ingram Content Group UK Ltd.
Pitfield, Milton Keynes, MK11 3LW, UK
UKHW021557260726
13993UKWH00002B/899

9 782329 199061